끌어당김의 법칙

— 양자역학으로 돈과 운을 끌어당기는 법 9가지 —

끌어당김의 법칙

다카하시 히로카즈 지음 | 김양희 옮김

동양북스

**양자역학에서 발견한
돈과 운이 나에게
올 수밖에 없는 원리**

'돌고 도는 것'이
어째서 내게는 오지 않을까?

'돈은 있다가도 없고 없다가도 생기는 법'이라는 속담이 있다. 재물은 돌고 도는 것이니 지금 갖지 못하더라도 언젠가는 나에게 돌아온다는 희망적인 느낌을 주는 말이다.

그런데 돌고 도는 돈이 어째서 내게는 오지 않을까?

혹시 돈을 다음과 같이 생각하고 있지는 않은가?

- 반드시 나에게 돌아온다는 보장이 없다.
- 아무리 기다려도 나에게는 기회가 오지 않을 것이다.
- 돈이 내게 왔던 적이 있을지도 모르지만, 만족스러운 금액이 아니다.

이런 생각을 하는 사람들은 '돈을 끌어당기지 못하는 사람'이다. 이들은 공통적으로 돈을 이렇게 생각한다.

- 돈은 더럽고 나쁜 것이다.
- 돈은 땀 흘려 벌어야 하는 것이다.
- 나는 돈을 받을 가치가 없는 사람이다.
- 갖고 싶다고 생각만 하면 돈이 저절로 나에게 올 것이다.
- 돈은 선택된 사람만 손에 넣을 수 있다.
- 돈은 지갑이나 계좌 안에만 있다.
- 월급쟁이로 벌 수 있는 돈은 한계가 있다.
- 큰돈을 벌려면 경영자가 되어야 한다.
- 무언가를 희생하지 않으면 큰돈은 손에 넣지 못한다.
- 나는 돈과 인연이 없는 운명을 타고났다.

이것은 모두 착각이다.

'있다가도 없고, 없다가도 생기는 법'인 돈이 나에게만 오지 않는 이유는 이처럼 돈에 대한 부정적인 이미지가 있거나, 자기와는 인연이 없는 타인의 것으로 생각하기 때문이다. 이런 생각을 버리지 않는 한, 아무리 시간이 지나도 돈을 끌어당기지 못하고 지금과 같은 삶을 살 수밖에 없다.

하지만, 좌절하긴 이르다.

이 책은 '오늘부터 부자 마인드를 가지고 돈을 끌어당길 수 있도록 돕는 책'이다.

'끌어당김의 법칙'에 대해 다룬 책은 이미 있다. 이 책에서는 관점을 조금 다르게 해서 '양자역학으로 돈을 끌어당기는 법칙'에 관해 이야기하려고 한다.

양자역학을 배우면
돈이 모이기 시작한다

'양자역학과 돈이 무슨 관계가 있지?'라는 생각이 들 수도 있다. 하지만 양자역학과 돈은 생각 이상으로 관계가 있다. 이 원리를 이해하기 위해 '양자역학이란 무엇인가?'에 대한 기초적인 이해가 필요한데, 그것에 대해서는 본문에서 자세하게 다루도록 하겠다.

간단하게 말하면, 양자역학에서 '양자'란 모든 물질과 에너지의 최소 단위다. 바꿔 말하면 '모든 것은 에너지다'라고 할 수 있다.

그렇다면 당연히 돈도 양자로 설명할 수 있지 않을까?

우리는 대부분 돈을 만 원짜리 지폐, 동전, 은행 계좌 안에 있는 숫자라고 생각하지만, 이것은 큰 착각이다. 그리고 이 착각이 결과적으로 당신이 돈을 끌어당기지 못하는 원인이다. 그래서, '돈이라는 에너지'를 끌어당기는 방법을 알고 실천하면 자연스럽게 돈은 나에게로 끌려오게 된다.

양자역학이 알려주는 돈을 끌어당기는 원리

끌어당김의 법칙이라고 하면, '잠만 자도 끌어당길 수 있다', '아무것도 하지 않아도 실현할 수 있다'라고 쉽게 생각한다.

당연히, 생각만 해서는 그런 일은 일어나지 않는다. 법칙에 따라 실제로 행동하지 않으면 끌어당김의 법칙도 아무 효과가 없다. 그런데 인간이 행동하려면 꼭 필요한 것이 있다.

받아들여야 한다. 지금까지 자기계발서를 수없이 읽어도 바뀌지 않았다면 머리로는 이해하지만, 마음으로는 받아들이지 못했기 때문일 수 있다.

나도 그런 경험이 있다. 예전에 나는 화장실 청소를 매일 하는 사람이 아니었다. 그런데 세상에는 '화장실 청소로 재물 운이 오른다' 같은 말도 있다. 미즈노 케이야水野敬也의 베스트셀러 《꿈을 이루어주는 코끼리》에서 신으로 등장하는 가네샤가 주인공을 변화시키기 위해 낸 여섯 번째 과제는 '화장실을 청소한다'였다. 혼다 창업자 혼다 소이치로本田宗一郎는 공장 한가운데에 일부러 화장실을 만들었다고 한다.

물론, 나도 성공법칙을 말하는 사람으로서 성공을 위해 화장실 청소가 필요하다면 했을 것이다. 그런데 매일 하지 않고 일주일에 한 번만 청소를 한 이유는 '매일 화장실 청소를 하면 성공한다'라는 말을 받아들일 수 없었기 때문이다.

그런데 어느 날, 정기 점검하러 치과에 갔을 때 내 치아 상태를 보고 깜짝 놀랐다. 치석, 커피, 홍차로 착색이 된 치아를 보고 '매일 양치를 하는데도 이렇게 더러워지는구나'라며 놀랐다. 그리고 그 순간 깨달았다.

'매일 닦는 이도 이렇게 더러워지는데! 매일 화장실 청소를 하지 않는 건 매일 이를 닦지 않는 것과 마찬가지잖아!'

내가 양자역학으로 돈을 끌어당기는 법칙을 이야기하는 이유가 이와 같다. 양자역학은 자연의 법칙이다. 그리고 돈의 원리를 배우려면, 눈에 보이지 않는 세계를 다루는 양자역학적 관점에서 보는 것이 가장 쉬운 방법이라고 생각했기 때문이다.

돈을 끌어당기는 법칙에 관해 잘 이해하고 받아들이면, 자연스럽게 그런 행동과 실천으로 이어진다. 결과적으로 돈을 끌어당기는 일도 수월하게 실현할 수 있다.

나는 현재 '양자역학 코치'로 활약 중이다. 강연회와 세미나를 통해 돈, 일, 인간관계 등 삶을 고통스럽게 하는 고민에서 벗어나 원하는 삶을 이루고 싶어 하는 수천 명을 만났다. 예를 들면 다음과 같은 사람들이다.

- 지금보다 풍요롭고 행복한 인생을 손에 넣고 싶은 사람
- 이상적인 배우자의 마음을 끌어 행복한 결혼 생활을 하고 싶은 사람
- 일로 성공해서 지금보다 수입을 늘리고 싶은 사람
- 건강하고 활기찬 사람이 되어 설레는 하루하루를 만들고 싶은 사람
- 자신이 그리는 꿈과 이상을 실현해서 성취감으로 가득 찬 삶을 살고 싶은 사람
- 돈과 시간에 구애받지 않고 하고 싶은 일에 몰두하고 싶은 사람

나는 이들에게 과학적으로 꿈을 실현하는 '양자역학 코칭'을 전했다. 현재 이들은 양자역학의 원리로 끌어당김의 법칙을 깨달은 후 이런 인생을 살고 있다.

- 한 달 만에 이상적인 배우자를 만나 행복한 결혼 생활을 하고 있다.
- 비즈니스에서 성공해 직원 한 명 없이도 월 수억 원의 매출을 올리고 있다.
- 구체적인 금액의 이미지를 떠올렸더니 35억 원이 은행 계좌로 들어왔다.
- 단 일주일 만에 할리우드 영화에 출연할 수 있는 배우가 되었다.
- 자유로운 시간을 손에 넣어서 하고 싶은 일을 할 수 있게 되었다.
- 짜증 내지 않고 차분한 마음으로 생활할 수 있게 되었다.

이 외에도 많은 사람이 강연회나 세미나에서 들은 내용을 삶에 적용해 돈을 끌어당기고, 원만한 인간관계를 유지하고, 원하는 인맥을 만드는 등 상상만 하던 것을 실현해 이상적인 삶을 살고 있다.

책에서는 받아들일 수 있을 정도로만, 최대한 쉽게 양자역학을 설명하고자 노력했다. 내가 익힌 지식, 지금까지 만난 사람의 경험, 성공한 사람들의 사례를 같이 이야기했다.

다만, 지식에는 순서가 있다. 무턱대고 돈을 끌어당기는 법부터 이야기하면 이 책 역시 이제까지 당신이 읽은 자기계발서와 별반 다르지 않을 것이다. 그래서 기본부터 이해하고 단계별로 받아들일 수 있도록 PART 1에서는 양자역학이 어떤 학문인지 간단하게 설명한 후 양자역학적 관점으로 우주의 원리를 이야기하고, PART 2부터 '양자역학적으로 돈을 끌어당기는 9가지 법칙'에 대해서 자세히 이야기하겠다.

양자역학은 원래 어렵다. PART 1을 읽다가 '무슨 소리인지 모르겠어'라는 생각이 든다면 건너뛰어도 좋다.

또한, 당신에게 맞는 성공법칙을 찾을 수 있도록 어떤 유형인지 알 수 있는 '4가지 유형별 성공 에너지 진단표'를 수록했다. 돈 에너지를 잘 끌어당기려면 자기가 어떤 유형의 사람인지부터 알아야 한다. 주파수가 맞는 사람을 만나면 마음이 잘 통하고 원활하게 소통하는 것처럼, 자기의 유형에 맞는 성공법칙을 삶에 적용하면 당신이 원하는 삶을 더 빨리 이룰 수 있다.

자, 이제는 당신의 차례다. 이 책으로 양자역학을 이해하고 순환하는 돈의 원리를 배워 '돈을 끌어당기는 법칙'을 몸에 익히자. 그것으로 이전에 누리지 못했던 정신적, 물질적 풍요를 누리길 기대한다.

차례

PART 2

돈과 운을 자유자재로
끌어당기는 9가지 법칙

✦

법칙 1 : 끌어당김의 법칙

"의식의 주파수를 풍요의 에너지에 맞춰라"

법칙 2 : 이미지의 법칙

"돈의 이미지를 바꿔라"

법칙 3 : 언어의 법칙

"'나는 3년 안에 부자가 될 거야'라고 말하면 인생이 바뀐다"

법칙 4 : 행동의 법칙

"돈이 무엇인지 배워야 돈이 불어난다"

> **1단계** 수입의 10퍼센트 저축하기
>
> **2단계** 새로운 수입원 5개 갖기
>
> **3단계** 투자로 돈 불리기
>
> **4단계** '돈의 파킨슨병'에 걸리지 않기

법칙 5 : 돈 그릇의 법칙

"돈 그릇을 넓히면 풍요의 에너지가 들어온다"

법칙 6 : 자원의 법칙

"나의 자원을 정리해야 귀중한 가치를 발견할 수 있다"

법칙 7 : 자기 혁명의 법칙

"자기 성향에 맞는 방법을 알면 자연스럽게 풍요로워진다"

법칙 8 : 창조의 법칙

"행복한 자산가가 되려면 조합하고, 창조하라"

법칙 9 : 에너지의 법칙

"4가지 에너지를 순환시키면 진정한 풍요를 끌어당길 수 있다"

"양자역학은 우리 가운데 누구도 제대로 이해하지 못하지만,
사용할 줄은 아는 무척 신비롭고 당혹스러운 학문이다."

20세기 물리학자 머리 겔만 Murray Gell-Mann

PART 1

양자역학이 알려주는
'끌어당김의 원리'

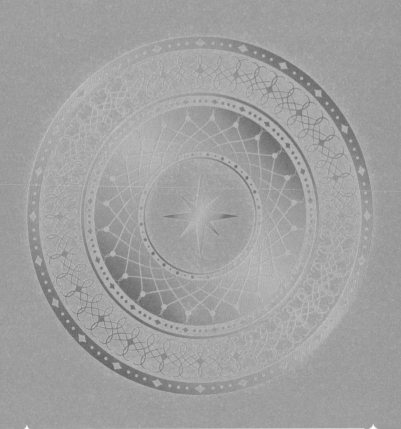

이 세상은 눈에 보이는 것과
보이지 않는 것으로 이루어져 있다

이 책으로 양자역학을 처음 접한 사람도 적지 않을 것이다. 그런 사람을 위해, 우선 '양자역학적으로 사고하는 법'부터 이야기하겠다.

양자역학에 대해 전혀 모른다고 해도 걱정할 필요 없다. 우선 다음 말을 기억해두면 좋겠다. 천재 물리학자 리처드 파인만Richard Feynman은 "양자역학을 이해한 사람은 이 세상에 아무도 없다"라고 말했다.

글을 다 읽고도 "대체 무슨 말 하는 거야?"라는 생각이 들었다면, 당신이 맞다. 안심해도 된다. 양자역학은 너무 난해해서 어차피 완벽히 이해할 수 없다.

23

양자역학은 아인슈타인의 상대성이론과 함께 현대물리학의 기초가 된 학문이다. 물리학은 크게 '고전역학'과 '양자역학'으로 나눌 수 있다.

고전역학이란 우리 눈에 보이는 거시세계에서 이루어지는 자연법칙을 연구하는 학문이다. 예를 들면 이렇다. 물체가 포물선 모양으로 그리는 궤도를 예측하거나 물체가 떨어지는 현상을 확인하는 등 눈에 보이는 사물의 운동 법칙을 알아내는 것이 고전역학이다.

반면에 양자역학은 고전역학으로 설명하기 어려웠던 원자, 소립자 등 우리 눈에 보이지 않는 미시세계에서 이루어지는 자연법칙을 연구하는 학문이다.

원자는 어디 있냐고? 세상의 모든 것이 원자로 이루어져 있으니 고개를 들어 주위를 둘러보기만 하면 된다.

물질을 한없이 잘게 쪼개면 분자가 되고, 분자는 원자로 구성되어 있다. 그리고 원자를 더욱 잘게 쪼개면 그 안에는 원자핵과 전자가 있다. 원자핵은 +의 전하를 띠는 양성자와 전하를 가지지 않는 중성자로 구성되어 있고, 원자핵 주위를 전자가 띄엄띄엄 존재하며 돌고 있다. 그리고 전자는 가장 작은 입자이자 물질을 구성하는 최소 단위인 소립자의 일종이다.

우리가 평소에 사용하는 스마트폰, PC, 사는 집, 잠자는 침대 등 다양한 사물, 먹는 음식 그리고 우리 몸까지도 미시세계에서는 모두 원자로 구성되어 있다. 원자가 어떻게 결합하는지에 따라 인간이 되거나 사물이 되고, 동물이나 식물이 되고, 온갖 것으로 변한다. 이처럼, 양자역학은 보이지 않는 세계를 밝혀내는 학문이라고도 할 수 있다.

모든 것은 에너지로 구성되어 있다

원자와 원자를 구성하는 전자 등을 양자역학에서는 모두 '양자'라고 부른다. 양자란, 입자와 파동의 성질을 모두 가진 매우 작은 물질이나 에너지의 단위다. 그래서 양자역학에서는 이렇게 말한다.

'모든 물질은 에너지로 이루어져 있다.'

이 세계가 눈에 보이는 것과 눈에 보이지 않는 것으로 구성되어 있다면, 동시에 세계 자체도 눈에 보이는 세계와 눈에 보이지 않는 세계로 나눌 수 있다. 눈에 보이는 세계는 '물질의 질량이 있는 세계'이므로 아인슈타인의 상대성이론으로 설명할 수 있다.

'상대성이론'이라고 하면 유명한 식이 있다.

$$E = mc^2$$

아인슈타인은 특수상대성이론에서 이 식을 도출했다.

E, m, c는 각각 다음과 같다. E = 에너지, m = 물질의 질량, c = 빛의 속도.

이 식은 에너지와 질량의 관계식이다. 에너지가 있는 것은 물질로 바뀔 수 있고, 물질 또한 에너지로 바뀔 수 있음을 보여 준다.

한편, 보이지 않는 세계의 에너지양은 1923년에 미국의 물리학자 아서 콤프턴Arthur Compton이 밝혀냈다. 빛이 금속에 부딪힐 때 전자가 방출되는 '콤프턴 효과'로 빛이 입자의 성질을 갖고 있음을 증명한 것이다. 입자 상태의 광입자光粒子가 금속에 부딪혀 방출되는 에너지양은 다음과 같다.

$$E = h\upsilon$$

이 식에서 E, h, υ는 각각 이렇다. E = 에너지, h = 플랑크 상수, υ = 빛의 진동수. 즉, 에너지는 진동수에 비례한다. 진동수는 1초 동안 파동이 진동하는 횟수이다. 이 식으로 진동수가 클수록 에너지도 커지고, 진동수가 작을수록 에너지도 작아진다는 사실을 알 수 있다.

그렇다면 이 두 가지 에너지 식을 인간에게 대입해서 생각하면 어떻게 될까?

보이는 세계와 보이지 않는 세계	
보이는 세계Visible	보이지 않는 세계Invisible
입자	파동
양	질
$E = mc^2$	$E = h\upsilon$
육체	마음
빛	어둠
돈, 집, 옷 등	의식, 감정, 사고 등
물질세계	정신세계
실체가 있음(色)	실체가 없음(空)
형태	기운
이승	저승

인간에게 눈에 보이는 세계는 우리 몸 그 자체고, 눈에 보이지 않는 세계는 마음과 감정 같은 것이다. 각각 질량의 관계식과 진동수의 관계식으로 표현할 수 있지 않을까?

인간이 사는 세계에서 눈에 보이는 것은 물질이며 셀 수 없을 만큼 많다. 반면에 눈에 보이지 않는 것은 의식, 감정, 사고 등 정신의 영역이라 셀 수 없다. 즉, 눈에 보이는 세계 = 물질세계, 눈에 보이지 않는 세계 = 정신세계라고 바꿔 말할 수 있다.

이해하기 쉽게 눈에 보이는 세계와 눈에 보이지 않는 세계를 분류해서 표로 정리했으니 참고하자.

이중 슬릿 실험으로 밝혀진 물질의 이중성

앞에서 양자는 입자와 파동, 두 가지 성질을 모두 가지고 있다고 했다. 하나에 두 가지 성질을 가지고 있다니 매우 이상한 이야기다.

고전역학에서 입자와 파동은 서로 다른 개념이다. 입자는 질량이 있고, 위치가 정해질 수 있고, 움직이기 때문에 속도라는 개념이 있다. 반면 파동은 파장, 진동수, 진폭 등 입자와 전혀 다른 개념을 갖고 있다.

물질이 두 가지 성질을 가지고 있다는 사실은 영국의 물리학자 토머스 영Thomas Young이 한 '이중 슬릿 실험'으로 증명되었다. 원래 토머스 영이 한 실험은 빛의 정체가 파동인지 입자인지를 증명하기 위한 것이었다. 현대에서 빛은 '광자'라고 불리는 빛의 입자이며, 물리학에서 빛은 전자처럼 소립자의 하나다.

토머스 영은 빛이 슬릿을 통과해 스크린에 어떤 모양으로 나타나는지 알아보기 위해 빛을 내는 도구와 스크린 사이에 있는 장치에 직사각형 모양의 구멍 2개를 뚫은 다음, 스크린을 향해 빛을 쐈다. 이 직사각형 모양의 구멍이 바로 '슬릿'이다(슬릿이 2개 있으니 이중 슬릿이다).

빛이 포개지면 두 개 이상의 파동이 한 곳에서 만났을 때 새로운 파장을 만드는 '간섭 현상'이 일어난다. 예를 들어, 같은 위상의 파동이 만나면 밝아지고(보강 간섭) 다른 위상의 파동이 만나면 어두워지는데(상쇄 간섭), 이런 간섭 현상으로 스크린 위에 흑백의 아름다운 줄무늬가 나타나는 것이다. 이때 이 줄무늬가 동심원을 그리며 퍼져 나가는 파동의 무늬와 일치했기

토머스 영이 한 이중 슬릿 실험

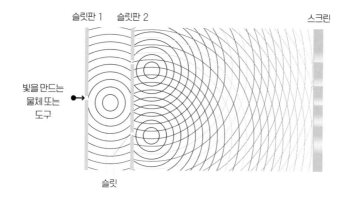

빛이 입자라면 이중 슬릿을 통과한 후 2개의 줄무늬가 생겨야 하지만, 파동일 때 나타나는 여러 개의 간섭 무늬가 나타났다. 이 실험으로 빛은 입자면서 동시에 파동이라는 사실이 밝혀졌다.

파동의 파장

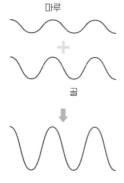

같은 위상의 파동(마루와 마루 또는 골과 골)이 한 곳에서 만났을 때 진폭이 더 커지는 보강 간섭

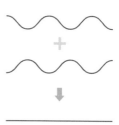

반대 위상의 파동(마루와 골)이 한 곳에서 만났을 때 진폭이 작아지는 상쇄 간섭

때문에, 실험을 통해 빛은 파동의 성질을 가지고 있다는 사실이 밝혀졌다.

또한, 19세기 물리학자 제임스 맥스웰James Clerk Maxwell이 빛은 '전자파'라는 파동의 성질을 가지고 있음을 알아냈고, 아인슈타인이 '빛은 최소한의 에너지 덩어리(입자)'라는 광자 가설을 주장했다. 이후 아서 콤프턴이 아인슈타인의 가설을 실제로 증명했고, 토머스 영부터 시작된 연구를 통해 빛은 '파동이면서 입자다'라는 이해하기 어려운 결론에 이르게 된 것이다. 이렇게 두 가지 성질을 가지는 것을 '이중성'이라고 한다.

'빛의 이중성'에 대한 연구와 실험은 더욱 발전해, 빛뿐만 아니라 물질도 이중성을 갖고 있다는 이론이 등장했다.

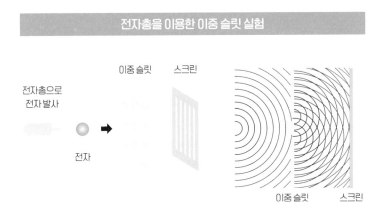

전자총을 이용한 이중 슬릿 실험

이중 슬릿　스크린

전자총으로
전자발사

전자

이중 슬릿　스크린

프랑스 이론물리학자 루이 드 브로이^{Louis de Broglie}는 '이런 이중성은 입자라고 생각되는 다른 물질에도 적용되지 않을까?'라고 생각했고, 물질을 구성하는 원자 속 전자도 파동의 성질을 갖는다는 사실을 알아냈다. 입자라고 생각했던 전자도 파동의 성질을 갖고 있으므로 모든 물질 역시 파동의 성질을 갖고 있다고 주장한 것이다.

기술이 발전한 현대에서는 전자 하나만 쏴서 토머스 영의 이중 슬릿 실험을 할 수 있게 됐다. 전자총으로 쏜 전자는 이중 슬릿을 통과하면서 2개의 동심원을 그리며 퍼져 나가고, 동심원이 뒤섞이며 스크린에 흑백의 줄무늬를 만들었다. 지금까지 입자라고 생각했던 전자가 간섭 무늬를 만드는 신기한 현상이 나타난 것이다.

'관측'하면
성질이 달라진다

그런데 더욱 괴상한 일이 벌어졌다. 똑같은 실험을 했는데도 '관측'에 따라 전자가 움직이는 방식이 달라지는 현상이 나타난 것이다. 관측한 상태, 요컨대 실험 결과를 보려고 사진을 찍으면 전자가 입자처럼 이중 슬릿을 통과해서 스크린에 두 개의 선이 생겼다. 반면, 관측하지 않은 상태에서는 전자가 파동처럼 움직여 스크린에 줄무늬가 나타났다.

이 실험으로 물리학에서 전자는 파동의 성질(파동성)과 입자의 성질(입자성)을 동시에 갖는다는 결론이 나왔다. '무궁화꽃이 피었습니다' 놀이로 생각해보면 좀 더 이해하기 쉽다. 술래가 보지 않을 때는 자유롭게 움직이다가(파동성), 술래가 휙 돌아보는 순간에 움직임을 멈춘다(입자성).

즉, 관측되지 않은 전자는 파동의 성질을 가지고 관측된 전자는 입자의 성질을 가지는데, 양자역학적으로 이렇게 말할 수 있다.

파동과 입자의 측정

관측하지 않을 때

파동의 성질

파동

관측할 때

입자의 성질

입자

- 눈에 보이는 세계 = 입자성 세계
- 눈에 보이지 않는 세계 = 파동성 세계

눈에 보이는 세계도 눈에 보이지 않는 세계도 모두 에너지로 이루어져 있다. 이것을 더 깊이 이해하기 위해 양자역학 이야기를 이어가겠다.

우주에서 눈에 보이는 물질은 단 5퍼센트뿐

지금까지 눈에 보이지 않는 미시세계에 관해 이야기했는데, 이제부터는 훨씬 큰 거시세계에 관해 이야기해보자. 우주까지 뻗어나가는 큰 이야기다!

도쿄대학 우주선연구소의 연구 데이터에 따르면, 우주의 구성 비율은 눈에 보이지 않는 물질이 95퍼센트고, 눈에 보이는 물질은 단 5퍼센트뿐이라고 한다.

눈에 보이지 않는 것은 물질과 에너지로 나뉘는데, 물질은 '암흑물질', 에너지는 '암흑에너지'라고 부른다. 암흑물질의 비율은 27퍼센트, 암흑에너지의 비율은 68퍼센트이다. 암흑물질

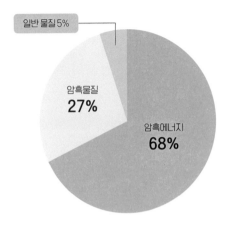

출처 : 도쿄대학 우주선연구소 XMASS 데이터

과 암흑에너지라고 하면 왠지 이 우주를 어둠의 조직이 지배하는 것처럼 들리겠지만, 그렇지 않다.

눈에 보이지 않는 것은 빛을 비춰도 전혀 반사되지 않고 아주 어두워서 지구에서는 관측할 수 없다. 즉, 현대 기술에서는 관측할 수 없는 정체불명의 것이다.

암흑물질과 암흑에너지를 이해하기 위해 인간이 사물을 본다는 의미가 무엇인지부터 알아보자.

인간은 눈을 통해 사물을 본다. 예를 들어, 새로 스마트폰을 산다고 했을 때 흰색, 검은색, 파란색, 빨간색 등 어떤 색 스마트폰을 살지 눈으로 구분해서 선택한다. 어떻게 색깔을 구분하는 걸까?

스마트폰이라는 물체가 태양광 또는 실내조명 등의 빛을 받으면 특정 빛만 반사한다. 그 반사된 빛이 눈의 망막을 통해 전기 신호로 바뀌어서 뇌 속에서 이미지로 비치는 것이다.

파란색 스마트폰을 구매하고 밖에 나와서 봤더니 실내에서 봤던 색과 다른 색이라고 느낀 적이 있지 않은가? 안에 있는 빛은 실내조명이고 밖에 있는 빛은 태양광이라 서로 빛이 다르기 때문이다. 그래서 각각 반사된 빛도 달라지고, 같은 파란색이라도 느낌이 다른 파란색으로 뇌가 인식한다.

인간의 눈에는 빨강, 파랑, 초록의 빛을 판단하고 구분하는 시각세포가 있다. 시각세포는 센서 역할을 한다. 이런 시각세포가 각각 색의 빛을 감지하는 비율에 따라 색이 결정된다.

예를 들면, 물체에 반사되어서 눈에 들어온 빛에서 시각세포가 파랑만 감지하면 '청색'이라고 판단하고, 파랑과 빨강을 모두 감지하면 '자홍색', 빨강과 초록을 감지하면 '황색'이라고 판단하는 것이다.

이처럼, 빛이 혼합되어 다양한 색이 되는 세 가지 색을 빛의 삼원색이라고 한다. 색의 삼원색인 빨강, 파랑, 노랑이 섞이면

'검정색'이 되지만, 빛의 삼원색인 빨강, 파랑, 초록이 섞이면 '흰색'이 된다.

반대로, 시각세포가 아무것도 감지하지 않으면 검정색이라고 판단한다. 방에 있을 때 불을 끄면 캄캄한 것처럼 보이지만, 실제로 방이 검게 변한 것이 아니라 빛을 감지할 수 없어서 '검다'라고 판단했기 때문이다.

암흑물질과 암흑에너지 이야기로 돌아가자. 암흑물질과 암흑에너지는 '불을 끈 방'처럼 존재는 확인했지만, 존재를 관측할 수 없어서 '암흑'이라는 호칭을 붙였을 뿐이다.

우리는 눈에 보이지 않는 것으로 가득한 세계에 살고 있다

관측할 수는 없으나 존재는 확인할 수 있는 암흑물질과 암흑에너지. 뭔가 이상하지 않은가? '관측할 수 없는데 어떻게 존재한나는 사실을 알지?'

이 수수께끼를 풀어주는 것이 바로 유명한 뉴턴의 '만유인력의 법칙'이다. 만유인력의 법칙이란, '모든 물질은 질량이 있는 한 서로 보이지 않는 인력으로 끌어당긴다'라는 법칙이다.

당신과 당신 앞에 있는 책 사이, 당신이 앉아 있는 의자와 당신의 사이, 지하철에서 옆에 앉아 있는 타인과 당신의 사이에도 우리 눈에는 보이지 않는 인력이 작용해서 서로를 끌어당기고 있다.

1970년대 후반, 이런 만유인력의 법칙으로 우주에는 빛으로는 관측할 수 없으나 중력의 영향을 받는 물질이 존재한다는 사실이 증명되었다. 관측할 수는 없지만, 중력의 영향을 받는 무언가에 '암흑물질'이라는 이름이 붙고, 우주의 팽창을 앞당기는 미지의 에너지에 '암흑에너지'라는 이름이 붙었다.

즉, 우주에는 눈에 보이지 않는 존재가 있다는 사실, 그리고 우주의 95퍼센트는 눈에 보이지 않는 물질과 에너지로 구성되어 있다는 사실이 밝혀진 것이다.

그렇다면 우주의 구성 비율을 인간의 눈높이로 생각해보자. 인간은 빨강, 주황, 노랑에서 파랑, 남색, 보라까지 무지개색 가시광선의 빛만 볼 수 있다. 가시광선이란 인간의 눈에 빛으로 느껴지는 전자파 에너지다. 범위는 360나노미터에서 830나노미터까지다.

양쪽 끝에 해당하는 빨강과 보라의 바깥쪽에 적외선, 자외선이 있다. 자외선은 태양의 빛, 적외선은 가전제품 리모컨의 빛으로 생각하면 이해하기 쉽다. 자외선은 햇볕에 피부가 타는 원인이고, 버튼을 누르기만 하면 TV가 켜지는 것은 적외선 때문이다. 즉, 인간의 눈에는 보이지 않지만 분명 존재하고, 역할을 하고 있다는 것을 알 수 있다.

인간이 볼 수 있는 세계는 극히 일부다. 이 외에도 엑스레이를 찍을 때 나오는 X선, 라디오 주파수 등 세상에는 우리 주변이나 공중을 지나는 여러 전자파가 있다. 전자파는 인간의 눈에는 보이지 않지만, 우리는 전자파 에너지 속에서 살고 있다.

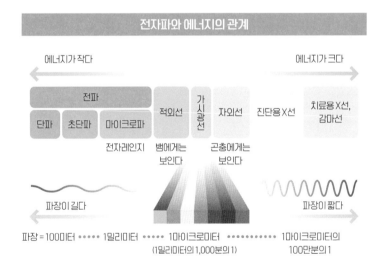

우리가 생활하는 모든 공간에 전자파가 존재한다. 파장이 짧을수록 에너지가 크고, 파장이 길수록 에너지가 작다. 인간의 눈에 보이든 보이지 않든, 우리는 전자파 에너지 속에서 살아간다.

무주의 구조와 매우 닮은
인간의 의식 구조

지금까지 고전역학, 양자역학, 원자, 소립자, 이중 슬릿 실험 등 조금 어렵게 느껴질 이야기를 한 이유가 있다. 이런 미시세계와 거시세계를 우리 개인에게 적용해서 생각해보자.

프랑스 철학자 블레즈 파스칼Blaise Pascal은 "인간은 생각하는 갈대"라고 했다. '인간은 대자연 속에서는 갈대처럼 약한 생물이지만, 머리로 생각할 수 있다. 그것이야말로 인간에게 주어진 위대한 힘이다'라는 뜻으로, 생각하는 것은 의식의 영역이다. 인간의 의식은 다음과 같이 세 가지로 나눌 수 있다.

- 표면의식 : 사물을 생각하거나 무언가를 판단하거나, 원할 때의 의식. 우리가 평소에 자각할 수 있는 의식이다.
- 잠재의식 : 자각할 수는 없으나 말과 행동에 영향을 미치는 의식. 무의식이라고도 한다.
- 집단 무의식 : 개인을 넘는 인류 공통의 무의식이다.

인간의 무의식에서 나오는 행동 원리를 뇌의 활동으로 밝히는 뉴로 마케팅의 세계적인 권위자 A. K. 프라딥A. K. Pradeep의

책《바잉브레인》에는 이런 말이 있다.

"인간의 뇌에서 이루어지는 정보의 95퍼센트는
잠재의식에서 처리된다."

즉, 인간은 95퍼센트의 잠재의식으로 움직이는 생물이라는 뜻이다. 95퍼센트의 잠재의식과 5퍼센트의 표면의식. 이 비율을 보니 무엇인가가 떠오르지 않나? 그렇다. 우주의 구성과 인간의 의식 구성은 매우 닮았다!

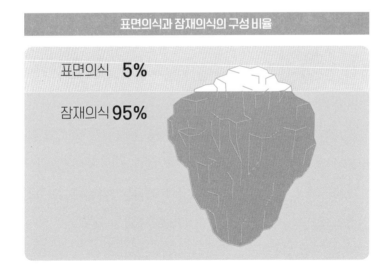

표면의식과 잠재의식의 구성 비율

표면의식 **5%**

잠재의식 **95%**

잠재의식이
인간의 행동을 지배한다

분석심리학의 창시자이자 스위스의 심리학자 칼 융Carl Gustav Jung은 표면의식과 잠재의식의 관계를 이렇게 정의했다.

> "의식 전체를 커다란 빙산이라고 하면,
> 그 대부분이 바다에 잠겨 있는 잠재의식이다.
> 우리가 의식할 수 있는 표면의식은
> 바다 표면에 얼굴을 내민 빙산의 일각에 지나지 않는다."

인간은 평소에 표면의식으로 생각하고, 행동한다. 예를 들면, 오전 중에 어느 거래처를 방문할지, 오늘 점심은 무엇을 먹을지, 오후부터는 어떤 일을 할지, 집에 돌아가서 넷플릭스로 영화를 볼지, 닌텐도 스위치로 게임을 할지, 맥주를 마시면서 유튜브를 볼지, 아니면 친구를 불러서 술을 마실지 등 이런 일들을 의식해서 생각하고 행동한다.

그래서 우리는 표면의식이 곧 의식이라고 생각한다. 하지만 실제로 인간은 95퍼센트의 잠재의식으로 살고 있다.

특히, 생명 유지 기능과 잠재의식은 깊은 관련이 있다.

예를 들면, 우리는 의식하지 않고 눈을 깜빡인다. 심장의 펌프 기능도 무의식으로 움직인다. 바이러스에 감염되면 의식하지 않아도 내 몸의 면역기능이 바이러스를 몸 밖으로 내보내려고 한다. 이것은 모두 잠재의식이 몸을 지키는 방어 기능이다. 일상에서도 집을 나설 때 구두를 오른쪽부터 신고, 열쇠를 오른손으로 잠그고 익숙한 길로 출근하거나 귀가하는 등 의식하지 않고 하는 행동이 무척 많다.

즉, 우리는 인식하지 못하지만, 우리의 행동과 생각은 잠재의식에 상당한 영향을 받고 있다는 것이다.

우주가 5퍼센트의 눈에 보이는 물질과 95퍼센트의 눈에 보이지 않는 물질과 에너지로 구성되어 있듯이, 인간도 5퍼센트의 표면의식과 95퍼센트의 잠재의식으로 구성되어 있다.

잠재의식은 분명히 존재한다. 관측할 수 없어서 인식할 수 없을 뿐이다. 만약 잠재의식에 접근할 수 있다면 얼마나 큰 가능성의 문이 열릴지 상상할 수 있는가? 나는 양자역학적 관점으로 보이지 않는 세계에 대해 말하면서 여러분이 가진 무한한 가능성의 문을 열려고 한다.

부와 운을 자유자재로
끌어당기는 확실한 방법

PART 1에서는 양자역학이 무엇인지 알아보면서 인간이 가진 가능성도 이야기했다. 이 내용을 잘 이해하면 이제부터 설명할 '돈 끌어당기는 법'을 이해하는 데 도움이 될 것이다.

세계는 눈에 보이는 세계와 눈에 보이지 않는 세계로 구성돼 있고, 전자는 관측되기 전까지 파동의 성질을 가지지만 관측되면 입자의 성질로 바뀌는 이중성을 가지고 있다.

인간의 의식은 표면의식과 잠재의식(무의식)으로 나뉘며, 무의식이나 이미지, 사고, 감정 등 눈에 보이지 않는 것은 파동의 성질을 가지고 있다. 반대로 물질이나 현실은 관측할 수 있으니 입자의 성질을 가진다고 볼 수 있다.

이것을 발전시켜 생각해보자. 무의식이나 이미지, 사고, 감정 등 눈에 보이지 않는 것을 당신이 관측할 수 있다면, 그것들은 자연스럽게 물질화되고 현실로 이루어진다.

이런 원리는 독일의 이론물리학자이자 양자역학의 탄생에 중요한 역할을 한 베르너 하이젠베르크Werner Karl Heisenberg도 말한 적이 있다.

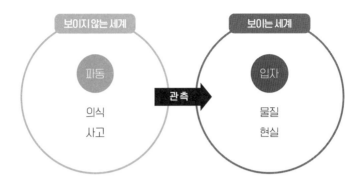

"파동의 상태(가능성의 영역)에서 의식이 어떤 물질이나
사건을 인식하면, 가능성에 불과했던 물질이나 사건은
가능성의 영역에서 물리 세계로 나타난다."

이 책에서는 이런 과정을 '돈'을 주제로 이야기한다. 그중에
서도 당신이 '돈 끌어당기는 법칙'을 실현하려면 다음과 같은
단계를 거쳐야 한다.

1단계 : 의식한다

이상적인 상태가 무엇인지 의식하고, 돈이 없는 상태에서 돈
이 있는 상태로 의식을 전환한다.

2단계 : 이미지를 떠올린다

이상적인 상태를 의식하면서 이미지를 떠올린 후, 자신이 어느 정도의 돈을 가졌으며, 어떤 생활을 하고 있을지 구체적으로 상상한다.

3단계 : 사고가 작동한다

이미지를 떠올리면 그 이미지를 실현하기 위한 사고가 갖춰지고, 무엇을 하면 좋을지 구체적으로 생각하게 된다.

4단계 : 행동이 구체적이고 명확해진다

사고가 명확해지면 행동도 구체적으로 변하며, 해야 할 일이 보인다.

5단계 : 행동한다

분명해진 해야 할 일을 실제로 행동해서 현실이 이상에 가까워지고, 돈을 끌어당길 수 있다.

이 5단계를 거치면 당신도 돈을 끌어당기는 사람이 될 수 있다. 물론 그렇게 되려면 지금까지 이야기한 양자역학 이론 외에도 성공한 사람과 부자의 사고법, 습관, 언어 사용법, 돈 사용법 등 다양한 방법을 참고할 수 있다. 그 방법들을 이제부터 빠짐없이 다루겠다.

우선 우주를 지배하는 성공법칙의 존재를 이해하고, 이미 자신 안에 풍요의 에너지가 충만하다는 마인드를 갖추는 것이 중요하다. 이것을 명심하고 다음 페이지를 펼치자.

"성공은 당신에게 그냥 일어나는 일이 아니다.
당신과 당신이 하는 행동 때문에 일어나는 일이다."

스튜어트 와일드 Stuart Wilde

돈과 운을 자유자재로
끌어당기는 9가지 법칙

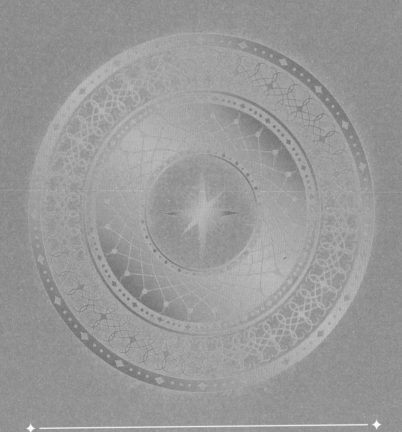

법칙 1

끌어당김의
법칙

"의식의 주파수를
풍요의 에너지에 맞춰라"

성공법칙을 이야기하는 많은 책에서 '끌어당김의 법칙'에 대해 말한다. 과연 '끌어당김의 법칙'은 무엇일까?

'끌어당김의 법칙'은 19세기 미국에서 시작됐다. 긍정적 사고가 좋은 경험을 가져오고 부정적 사고는 나쁜 경험을 가져온다는 삶에 관한 믿음으로, '사고(순수한 에너지)'가 같은 종류의 에너지를 끌어당긴다고 믿는 사고법이다. 쉽게 말해서 생각이 현실이 된다는 뜻으로, 내 생각에 따라 건강, 부, 인간관계가 나아질 수 있다고 믿는 것이다.

'끌어당김의 법칙'을 다룬 유명한 책으로는 에스더 & 제리 힉스Esther & Jerry Hicks의 《유인력 끌어당김의 법칙》, 론다 번 Rhonda Byrne의 《시크릿》 등이 있다. 여러분도 한 권 정도는 읽어본 적이 있을지도 모른다. 그런데, '끌어당김의 법칙'이라고 하면 영적인 이야기로 들려 수상하게 느껴질 수도 있어서 '과학과 영적인 것의 차이'를 설명하고자 한다.

영적 세계란 과학으로 설명할 수 없는 세계다. 예를 들어보자. 유령은 존재할까? 그렇다면, 사후 세계는 있을까? 영혼은 존재할까? 이처럼, 현대 과학으로는 설명할 수 없는 일들이 영적 세계다.

PART 1에서 말했듯이, 과학적으로 우주에 대해 밝혀진 사실은 단 5퍼센트에 불과하다. 즉, 95퍼센트는 과학적으로 밝혀지지 않았다.

그래서 보이지 않는 것을 밝혀내는 학문인 양자역학이 발전하면, 지금까지 영적인 일로 생각하던 것도 과학적으로 설명할 수 있을지도 모른다.

주파수가 맞으면 생각이 잘 통한다

소통할 때 "파장이 잘 맞는다"라거나 "파장이 잘 맞지 않는다"라는 말을 사용할 때가 있지 않은가? 파장이 잘 맞으면 공명 현상이 일어나 순식간에 상대방과의 거리가 좁혀지고, 친해질 수 있다.

공명 현상이란, 물체가 가진 고유의 진동수와 같은 진동수를 외부로부터 받으면 진동의 폭이 증가하는 현상이다. 예를 들면, 와인 잔에 그 잔의 고유 진동수와 같은 진동수의 소리를 계속 가하면 와인 잔이 깨질 수도 있다.

'마음이 잘 통한다', '같은 파장을 느낀다'라는 표현은 추상적이지만, 실제로 이런 사람과 함께 있으면 마음이 편해지고 반대로 맞지 않는 사람과 있으면 마음이 불편해진다. 요컨대, 눈에 보이지는 않지만 무언가가 작동하고 있어서 마음의 상태가 변하는 것이다.

누군가와 함께 있을 때 느끼는 기운이나 파장은 인간이 내보내는 생명 에너지다. 우주는 눈에 보이는 5퍼센트와 눈에 보이지 않는 95퍼센트로 이루어져 있고 인간의 의식이 5퍼센트의 표면의식과 95퍼센트의 잠재의식으로 이루어져 있듯이, 눈에 보이지는 않지만 존재하는 에너지가 있다. 그런 에너지를 '마음이 잘 통한다', '파장이 잘 맞는다' 같은 추상적인 말로 표현하는 것이다.

누군가와 같은 파장을 느낀다면 당신과 그 사람이 같은 진동으로 공명한다고도 말할 수 있으며, 같은 진동수, 즉 같은 주파수를 가진 에너지끼리는 서로 끌린다.

세상의 모든 것은 진동하면서 파동을 내보낸다

'모든 것은 진동한다'라는 생각은 지금으로부터 1백 년도 더 전에 독일 물리학자 막스 플랑크Max Planck가 주장했다. 1918년에 노벨 물리학상을 받은 플랑크는 이런 말을 남겼다.

> "모든 것은 진동이며 그 영향이다. 현실에는 어떤 물질도 존재하지 않는다. 모든 것은 진동으로 이루어져 있다."

인간과 인간 이외의 동물과 식물, 당신 책상 위에 놓인 컴퓨터나 손에 있는 스마트폰 등 모든 물질, 그리고 빛, 바람, 천둥, 지진 등 자연현상도 눈에 보이지 않는 세계에서는 모두 고유의 진동수를 가지고 진동한다. 이 진동으로 발생하는 파장을 '파동'이라고 하며, 모든 것은 진동해서 파동을 내보낸다.

양자역학의 이론 중 하나인 초끈 이론으로 진동에 관해 더 자세히 설명하겠다. '초끈 이론Superstring theory'이란 세상을 이루는 물질의 최소 단위인 소립자를 자세히 들여다보면 '크기가 없는 점'이 아니라 작은 '끈' 형태를 하고 있고, 이런 끈이 진동하는 차이 때문에 온갖 소립자와 물질이 탄생했다는 이론이다.

입자가 '점'이 아니라 '끈' 형태를 하고 있어서 마치 현악기의 줄처럼 진동한다는 말이다.

현악기 하면 가장 먼저 떠오르는 것이 기타나 바이올린이다. 현악기가 각 줄의 진동수 차이로 다양한 소리를 내듯이, 자연계의 쿼크, 전자, 광자 등 소립자도 고무줄 같은 끈이나 실 형태를 띠고 있어 진동수에 따라 다양한 소립자가 생긴다고 상상해 보자.

초끈 이론이 옳다면 우주는 다양한 현악기가 연주하는 오케스트라 교향곡 같은 이미지로 파악할 수 있다.

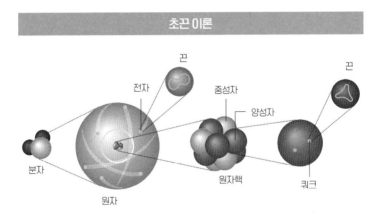

초끈 이론

세상의 모든 것이 0차원의 입자가 아니라 1차원의 끈으로 이루어져 있다고 보는 이론으로, 입자의 기본 상호 작용을 끈의 진동으로 설명하려는 시도다.

아직 이 이론을 뒷받침하는 실험 결과가 충분하지는 않지만, 만약 증명된다면 모든 물질은 진동으로 이루어져 있다는 말이 사실이 되고, 우주의 진리가 지금보다 더 밝혀질지도 모른다.

의식의 에너지가 돈 에너지를 끌어당긴다

지금까지 '모든 것은 에너지다', 그리고 '모든 것은 진동한다'라는 말의 뜻을 살펴봤다. 이런 양자역학적 관점에서 끌어당김의 법칙을 설명하면 '같은 파동의 공명 현상'으로 이해할 수 있지 않을까?

실제로 이 세상은 같은 파장이나 파동을 가진 것이 공명해서 물질이 된다. 유리잔은 이산화규소라는 분자가 결합한 것이고, 다이아몬드는 탄소 원자의 집합이다. 같은 파동의 원자나 분자가 서로 끌어당겨 물질이 만들어진다.

모든 물질이 진동으로 이루어진 것이라면 우주는 물론 우리 인간의 몸(눈에 보이는 것)이나 정신(눈에 보이지 않는 것)도 진동으로 구성되어 있다고 할 수 있다. 그리고 '모든 것은 같은 파장이나 진동수를 가진 것끼리 공명하고 끌어당겨 현실이 된다' 라고도 생각할 수 있다. '공명 현상 = 끌어당김의 원리'라고 말하는 이유다.

부의 에너지를 끌어당기는 첫 번째 법칙으로 '끌어당김의 법칙'을 생각할 때 중요한 점은 당신이 어떤 돈 에너지와 공명하는지에 따라서 끌어당기는 돈의 현실도 달라진다는 사실이다.

앞에서도 말했듯이, 돈은 에너지다. 당신이 돈에 어떤 주파수를 내보내고 있는지에 따라 돈을 끌어당기는지, 아니면 밀어내는지가 정해진다.

어떻게 하면 돈을 끌어당길 수 있을까?
바로, 자기 자신의 주파수를 바꿔야 한다.

예컨대 TV나 라디오는 주파수를 바꿔 특정 프로그램을 시청한다. TV 방송국과 라디오방송국에서는 전파를 발신하고 있어서 우리가 TV나 라디오의 주파수에 맞춰 채널을 선택하면 원하는 프로그램을 시청할 수 있다. 마찬가지로 우리가 사는 현실 세계도 의식이나 감정의 주파수를 '풍요의 주파수'에 맞추면 의식 에너지와 돈 에너지가 공명해서 현실적으로 돈을 끌어당길 수 있다.

뇌과학과 심리학으로 보는 '끌어당김의 법칙'

갑자기 의식에 대해 이야기해서 당황했는가? '끌어당김의 법칙'은 뇌과학이나 심리학으로도 설명할 수 있다. 의식과 돈 에너지의 관계를 이해하기 쉽도록 이번에는 뇌과학과 심리학의 관점에서 보자.

인간의 뇌에는 오감을 통해 바깥에서 들어온 정보 중에서 필요한 정보만 걸러주는 그물 역할을 하는 '망상활성계Reticular Activating System'가 있다. 심리학에서는 이와 관련한 심리 효과로 '칵테일 파티 효과'가 알려져 있다. 파티처럼 소란스럽고 왁자지껄한 곳이라도 대화를 나누는 상대의 말을 놓치지 않거나 멀리서 누군가가 자신의 이름을 부르면 들리는 이유가 이 때문이다. '칵테일 파티 효과'는 1953년에 영국의 인지심리학자 콜린 체리Edward Colin Cherry가 주장했다. 그는 실험 대상자들에게 헤드폰을 준 후, 같은 목소리로 서로 다른 내용을 대상자의 양쪽 귀에 동시에 들려주는 실험을 통해 시끄러운 파티에서 대화가 가능한 이유를 밝혀냈다.

실험 결과, 실험 대상자는 두 가지 내용을 동시에 들을 때 관심 없는 이야기는 걸러내고 자신이 듣고 싶은 이야기만 집중해

칵테일 파티 효과

필요한 정보

서 듣는 모습을 보였다. 망상활성계가 주변의 여러 가지 정보에서 자기에게 필요한 정보만 선별하고 처리해서 받아들이기 때문이다.

　즉, 당신이 어떤 것을 의식하고 주의를 기울이는지에 따라 인식할 수 있는 것이 달라진다는 뜻이다.

　예를 들어, 파티에서 바로 앞에 있는 상대와 이야기를 하고 있어도, 옆자리에서 자기가 관심 있거나 필요한 정보가 들리면 그쪽으로 의식이 향한다. 전철에서 졸다가 내려야 할 역 이름이 방송되는 순간 저절로 깨는 것도 같은 원리다.

그렇게 만들어진 현실이나 현상은 당신이 내보내는 파동이나 주파수와 공명해 일어난다. 즉, 당신이 어디에 채널을 맞추는지에 달려 있다는 것이다.

돈은 억지로 손에 넣는 게 아니라 끌어당겨야 한다

나폴레온 힐Napoleon hill이 쓴 자기계발 분야 스테디셀러《생각하라 그리고 부자가 되어라》는 1백 년 가까운 세월 동안 사람들이 읽었고, 전 세계 누적 발행 부수는 1억 부 이상이다. 이 책에서 다루는 중요한 사고법이 있는데 바로 '인간은 자신이 생각하는 인간이 된다'라는 것이다. 이것을 '사고의 법칙'이라고 한다.

단순해 보이지만 깊이가 있는 법칙이다. 인간은 잘된다고 생각한 일을 잘된 현실로 끌어당기고, 잘되지 않는다고 생각한 일은 잘되지 않은 현실로 끌어당긴다. 일이 잘되어도 잘되지 않아도, 각자 생각했던 대로 현실화한다는 것이다.

당신의 의식을 채널로 생각한다면 TV나 라디오와 마찬가지로 의식의 주파수를 어디에 맞추는지에 따라 끌어당기는 현실이 달라진다는 뜻이다.

"돈이 없어."

"이번 달 카드 값 어떡하지?"

이런 말을 할 정도로 난처했던 경험은 없는가?

사실, "돈이 없어"라고 투덜거리면 정말로 돈이 없는 상태를 끌어당긴다. 양자역학적으로 "돈이 없어"라는 말은 돈이 없는 주파수를 내보낸다. 그리고 현실이 그 주파수와 공명해서 진짜로 돈이 없는 상태를 끌어당기기 때문이다.

"돈이 필요해."

"돈을 원해."

이렇게 말하는 사람도 마찬가지다.

돈을 원한다고 말하는 사람은 돈을 원하는 주파수를 내보낸다. '가지길 원하는 주파수'는 '가지길 원하는 주파수와 공명하는 현상'을 끌어당겨서 아무리 시간이 지나도 돈을 원하는 상태를 끌어당긴다. 결과적으로 돈이 없는 상태가 계속된다. 잠재의식이 바라는 대로 "돈이 없어", "돈이 필요해"라는 소원을 이루게 된다는 뜻이다.

어느 쪽이든 자기가 말한 대로 꿈이 이루어졌으니 참 얄궂다.

어떻게 하면 돈을 끌어당길 수 있을까?

돈을 끌어당기기 위해서는 풍요의 주파수를 내보내야 한다. '이미 풍요로운 상태의 주파수'는 '이미 풍요로운 상태'를 끌어당기므로 돈도 풍요도 끌어당길 수 있다. '진짜 부자'와 '부유한 사람'은 애초에 돈이 부족하다거나 돈이 없다는 생각이 머릿속을 스칠 일이 없다.

정말로 대단한 부자는 돈은 공기처럼 이미 내 주변에 가득하다고 생각하기 때문에 돈을 갖고 싶다는 생각을 하지 않는다. 돈이 공기처럼 충분하다고 생각해보자. 그러면 통장 잔액이 얼마든 걱정하지 않게 될 것이다.

하지만 돈이 없는데 돈이 충분하다고 생각할 수 있을까? 정말 돈이 없어서 힘든 사람이 그런 생각을 할 수 있을까?

아무래도 정말로 돈이 없어서 힘든 사람은 돈이 충분하다고 생각하기 어렵다. '나한테 없는 것'과 '지금 가지고 있지 않은 것'에 초점을 맞춰 결핍만 생각하기 때문이다. 결핍에 대해서만 생각하는 동안에는 돈이 부족하다는 느낌이 들어 돈에 대한 불안이나 걱정을 떨칠 수 없는 상태가 된다.

그런 사람은 자기 안에 이미 있는 것이나 지금 가진 행복에 초점을 맞추면 문제를 해결할 수 있다. 이미 있는 것이란, 당신이 지금까지 배운 것, 경험, 이미 가진 능력이나 기술, 인간관계, 인맥 등이다.

지금 있는 풍요, 지금 있는 행복을 깨닫는 일이 부의 주파수를 내보내는 비결이다.

이미 내가 가지고 있는 행복은 무엇일까?

내게 있는 풍요는 무엇일까?

생각나는 대로 노트에 적어보자. 예를 들면, 다음과 같은 것이 있다.

- 아픈 곳 없이 건강하다.
- 나에게는 세상의 것들을 보고, 듣고, 만지고, 느낄 수 있는 멀쩡한 몸이 있다.
- 달에 몇 번 정도는 맛있는 음식을 먹을 수 있다.
- 안심하고 잠잘 수 있는 집이 있다.
- 사랑하는 가족이 있다.

이런 것들을 적다 보면 당신이 얼마나 행복한 상태인지 깨닫게 된다. 이미 손안에 있는 하루하루가 행복하다고 느끼면 당신의 삶은 풍요의 파동으로 가득 차게 된다. 그리고 풍요의 파동이 풍요를 끌어당길 수 있게 된다.

당신이 부자가 되고 싶다면 우선 자신이 내보내는 주파수나 파동을 바꾸자. 당신이 내보내는 에너지의 질이 달라지고 그에 걸맞은 에너지가 공명해서 그런 현실을 끌어당길 수 있다.

'돈'이라는 에너지를 이해하고 부자의 사고법을 이해한 다음, 나 자신이 그렇게 변해야 한다. 돈을 벌고 돈을 가진다는 생각보다, 당신 자신이 변해서 돈 에너지를 끌어당기는 편이 훨씬 쉽게 당신 곁으로 돈이 오게 하는 방법이다.

다음 법칙부터는 돈을 끌어당기는 구체적인 사고법과 방법을 이야기한다. 우선은 양자역학 법칙과 함께 돈을 끌어당기기 위한 마인드를 갖추자.

끌어당김의 법칙
Key point

- 끌어당김의 법칙은 '같은 파동이 공명하는 현상'으로 설명할 수 있다.
- 의식의 채널을 어떤 주파수에 맞추는지에 따라 현실이 바뀐다.
- 지금 내가 가진 행복과 풍요를 의식하면 부는 끌어당겨진다.

돈 에너지를 끌어당기는 쪽으로 생각하라. 의식의 주파수를 맞추면 현실이 바뀐다.

당장 해보기	과제 ❶ 당신이 지금 가진 행복은 무엇인가?
	과제 ❷ 당신이 지금 풍족하다고 느끼는 것은 무엇인가?

❶ 내가 행복하다고 느끼는 것을 적어보자.

---

❷ 내가 이미 가진 풍요를 적어보자.

이미지의
법칙

"돈의 이미지를
바꿔라"

끌어당김의 법칙을 활용해 '돈을 끌어당기고 싶어!'라고 해도 실현하지 못하는 사람이 많다. 그런 사람들은 돈에 대한 부정적인 멘탈 블록Mental block이 있기 때문이다. 멘탈 블록이란, 인간이 무언가 행동하려고 할 때 '할 수 없어', '안 될 거야'라고 생각하면서 행동하지 못하게 하는 사고다.

'돈은 더러워.'
'돈 버는 일은 좋은 일이 아니야.'
'돈 버는 사람은 나쁜 일을 할 거야.'
'돈을 벌어도 금방 없어질 거야.'

이렇게 돈에 대한 부정적인 이미지 때문에 행동하지 못하게 하는 고정관념, 멘탈 블록이 있으면 끌어당김의 법칙에 따라

PART 2 돈과 운을 자유자재로 끌어당기는 9가지 법칙

돈에 대한 부정적인 현실을 끌어당기게 된다.

돈을 끌어당기지 못하는 사람은 '코끼리 사슬 증후군'에 걸려 있다

멘탈 블록으로 유명한 예가 바로 '코끼리 사슬 증후군'이다. 인도에서는 코끼리를 조련하기 위해 새끼 코끼리일 때부터 튼튼한 줄로 다리를 묶어 말뚝에 매어 놓고 도망가지 못하게 한다. 처음에는 필사적으로 도망치려고 하지만 힘이 약한 새끼 코끼리는 줄을 끊거나 말뚝을 뽑지 못한다. 그러다 보니 점차 '도망가려고 해도 소용없네'라고 생각하게 되고, 어른 코끼리로 성장해서 도망칠 만큼 충분한 힘이 생겨도 '예전에 해봤지만 소용없었어'라고 고정관념이 생겨서 도망칠 생각도 하지 않는다.

돈을 끌어당기고 싶어도 끌어당길 수 없는 대부분은 이런 '코끼리 사슬 증후군'에 걸려 있다. 표면의식에서는 '돈을 끌어당기고 싶어!'라고 생각해도 잠재의식에 돈에 대한 부정적인 이미지가 있으면 돈을 끌어당길 수 없다.

인간은 2세에서 3세 사이에 멘탈 블록이 형성되기 시작해서 10세에 완성된다고 한다. 어릴 때 부모가 입버릇처럼 "돈 이야기는 하면 안 돼", "땀 흘려 일하지 않으면 돈은 벌 수 없어" 같은 말을 하면 돈에 대한 부정적인 이미지가 잠재의식에 새겨진다. 나도 어릴 때 부모님에게 "지폐는 손때가 묻어서 더러워"라는 말을 몇 번이나 들은 기억이 있어서 잠재의식에 '돈은 더러운 것'이라는 이미지가 새겨져 있었다.

어릴 때부터 스스로 돈을 벌지 않고 어른이 되거나, 학생 때 용돈을 버는 수준의 아르바이트만 하면 '나는 이 정도밖에 벌 수 없어'라는 고정관념이 자리 잡는다. 또는, 사회인이 되어 한 회사에 소속되고 매달 월급 받는 일에 익숙해지면 '나는 월 200만 원의 가치밖에 없어'라고 생각하거나, 훨씬 많이 벌 수 있는데도 '200만 원 이상은 벌 수 없어'라는 이미지가 생긴다.

이런 멘탈 블록을 없애려면 잠재의식에 새겨져 있는 돈에 대한 부정적인 이미지를 없애야 한다.

"부자가 되고 싶어"라고 말하는 사람이 있다고 해보자. 표면의식에서는 그렇게 생각해도 잠재의식에서 "부자가 될 수 없어"라는 이미지가 새겨져 있으면 결과적으로 자기도 모르게 부자가 되지 못하는 현실을 만드는 쪽으로 행동한다. 예를 들면, 보너스가 들어와도 금방 다 써버리거나 복권에 당첨돼도 개인파산을 하는 사람들 말이다.

'부자가 되고 싶다'라는 생각은 부자가 되고 싶다는 생각의
주파수를 내보내서 부자가 되고 싶다는 현실, 즉 '지금은 부자
는 아닌 현실'을 끌어당기게 된다. 이런 생각을 뒷받침하는 것
이 잠재의식에 새겨진 돈에 대한 이미지다. 그래서 잠재의식에
새겨진 돈에 대한 부정적인 고정관념을 깨야 한다. 양자역학은
그런 고정관념을 깨는 데 힌트를 준다.

PART 1에서 인간의 의식은 표면의식과 잠재의식으로 나뉜
다고 설명했다. 우선, 우리가 의식에 대해 어떻게 생각해야 하
는지부터 이해해야 한다.

- 표면의식 : 당신이 인식할 수 있는 의식(=보이는 의식)
- 잠재의식 : 당신이 인식하지 못하는 의식(=보이지 않는 의식)

이 사실을 이해한 다음 잠재의식을 자유자재로 조절할 수 있
게 되면, 자연히 당신의 의식을 풍요의 에너지와 공명시킬 수
있다.

단, 그렇게 되려면 먼저 부자와 그렇지 않은 사람들이 돈에
대해 가지고 있는 이미지가 어떻게 다른지부터 살펴보자.

빈곤한 사람은 돈을 혐오하고, 풍요로운 사람은 돈을 사랑한다

똑같은 인간인데, 어째서 부자와 그렇지 않은 사람으로 나뉠까? 돈에 대한 이미지가 다르기 때문이다.

다음 페이지에 있는 표는 내가 생각하는 '행복한 부자', '불행한 부자', '행복한 빈자', '불행한 빈자'를 나타낸 것이다

풍요는 '물질적인 풍요'와 '정신적인 풍요' 두 가지로 나눌 수 있다. 마찬가지로, 빈곤도 '물질적인 빈곤'과 '정신적인 빈곤' 두 가지로 나눌 수 있다. 정신적 풍요와 물질적 풍요, 정신적 빈곤과 물질적 빈곤을 네 영역으로 나누면 사분면에 각각 다른 돈의 이미지가 보인다.

불행한 빈자 : 물질적으로도 정신적으로도 빈곤한 사람

왼쪽 아래에 해당한다. 돈에 대해 '더러운 것', '땀 흘려 일해서 버는 것(노동의 대가)', '입에 담으면 안 되는 것(금기)', '가지면 골치 아프고 힘든 것'이라는 이미지가 있다. 다시 말해, 돈을 '나쁜 것', '더러운 것'으로 생각한다.

돈에 대한 4가지 이미지

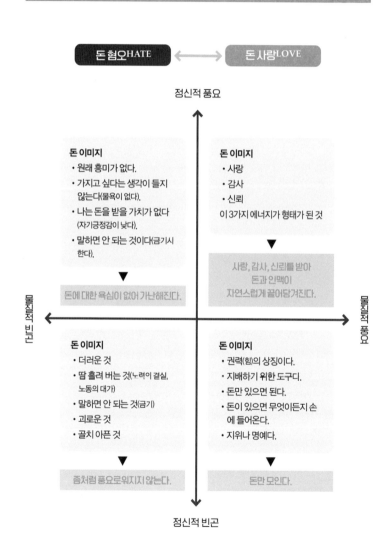

돈 혐오HATE ←→ **돈 사랑**LOVE

정신적 풍요

돈 이미지
- 원래 흥미가 없다.
- 가지고 싶다는 생각이 들지 않는다(물욕이 없다).
- 나는 돈을 받을 가치가 없다 (자기긍정감이 낮다).
- 말하면 안 되는 것이다(금기시 한다).

▼

돈에 대한 욕심이 없어 가난해진다.

돈 이미지
- 사랑
- 감사
- 신뢰

이 3가지 에너지가 형태가 된 것

▼

사랑, 감사, 신뢰를 받아
돈과 인맥이
자연스럽게 끌어당겨진다.

물질적 빈곤 ←→ 물질적 풍요

돈 이미지
- 더러운 것
- 땀 흘려 버는 것(노력의 결실, 노동의 대가)
- 말하면 안 되는 것(금기)
- 괴로운 것
- 골치 아픈 것

▼

좀처럼 풍요로워지지 않는다.

돈 이미지
- 권력(힘)의 상징이다.
- 지배하기 위한 도구디.
- 돈만 있으면 된다.
- 돈이 있으면 무엇이든지 손에 들어온다.
- 지위나 명예다.

▼

돈만 모인다.

정신적 빈곤

행복한 빈자 : 물질적으로는 가난해도 정신적으로 풍요로운 사람

왼쪽 위에 해당한다. 돈을 '가지고 싶지 않다', '흥미 없다', '손에 넣을 가치가 없는 것', '금기시하고 입에 담으면 안 되는 것'이라고 생각한다.

물질적으로 가난한 사람의 공통적인 특징은 바로 노동으로 벌어들인 것 외의 수입에 죄책감을 느낀다는 것이다. 죄책감의 배경에는 '나와는 인연이 없는 것', '생각해서는 안 되는 것'이라는 낮은 자기긍정감이 깔려 있다. 자기긍정감이 낮으면 돈을 자연스럽게 받아들일 수 없다. 정신적으로는 풍요로울지 몰라도 돈이 없으니 '행복한 빈자'인 셈이다.

사분면에서 왼쪽에 있는 두 사람은 돈을 끌어당기지 못하고, 그래서 병들거나 포기한 인생을 살거나 정신적으로는 풍요로워도 물질적으로는 가난하다. 게다가 잠재의식에서 돈을 싫어하기 때문에 '돈을 혐오하는 사람'이라고 할 수 있다.

'아니야, 그렇지 않아! 나는 돈을 좋아해!'라고 생각하는 사람이 있을지도 모르겠다. 하지만, 표면의식에서 돈을 아주 좋아한다고 생각해도 잠재의식에서 돈에 대한 부정적인 이미지를 가지고 있으면 돈을 끌어당길 수 없다.

한편, 오른쪽에 있는 사람은 모두 돈을 아주 좋아하고 '돈을 사랑하는 사람'의 삶을 산다. 이들은 돈을 진심으로 사랑한다. 그리고 돈은 돈을 좋아하는 사람과 돈을 사랑하는 사람 곁에 모이기 마련이다.

불행한 부자 : 물질적으로는 풍요롭지만, 정신적으로 빈곤한 사람

단, 오른쪽 아래에 해당하는 사람은 돈에 대해 '권력(힘)의 상징', '지배하기 위한 도구', '돈만 있으면 지위도 명예도 얻을 수 있다', '어쨌든 돈만 있으면 좋다'라는 이미지를 가지고 있다. 즉, 돈을 도구로 본다. 돈은 아주 좋아하지만, 돈은 자신의 욕구를 충족시키기 위한 도구에 불과하다. 결과적으로 돈을 모을 수는 있어도 돈 이외의 인간관계나 인맥, 주변 사람들의 신뢰나 사회적인 신용은 얻지 못하고 오히려 미움받거나 여러 가지로 분쟁을 일으키기 쉽다.

행복한 부자 : 물질적으로도 정신적으로도 풍요로운 사람

마지막으로 오른쪽 위에 해당하는 사람은 돈을 완전히 다른 차원으로 생각한다. 돈에 대해 '사랑의 상징', '감사의 결과', '신뢰의 증거'라는 이미지가 있으며, 이 세 가지의 에너지가 형태로 나타난 것이 돈이라고 생각한다. 이런 긍정 에너지와 공명해, 돈이 점점 들어오고 행복한 부자가 된다.

많은 사람에게 사랑받고 많은 사람에게 가치를 제공해 감사받으며, 많은 사람에게 신뢰를 받아 큰돈이 들어오고 인맥도 생겨 행복한 삶을 산다.

돈에 대한 4가지 이미지를 보면서, 여러분은 잠재적으로 돈에 대해 어떤 이미지가 있는지 생각해보자. 어쩌면 자신이 '돈을 혐오하는 사람'에 속하고, 돈에 대해서도 비슷한 이미지를 가지고 있을지도 모른다. 그렇다면 먼저 그 편견에서 벗어나야 한다.

당신은 돈에 대해 어떤 이미지를 가지고 있는가?

현재 행복한 부자인 사람은, 돈은 '사랑, 감사, 신뢰의 에너지가 형태가 된 것'이라는 이미지를 가지고 있을 것이다.

행복한 부자가 되고 싶다면

반드시 돈에 대한 이미지를 바꿔야 한다.

돈 자체에는 좋고 나쁨이 없으며, 돈은 원래 중립적이다. 돈에 대한 이미지를 새로 쓸 수 있다면 당신도 행복한 부자가 될 수 있다.

행복한 부자는
눈에 보이지 않는 것을 중요하게 생각한다

돈에 대한 4가지 이미지를 보고 무언가 깨달았는가? 그렇다!

오른쪽 위에 해당하는 '행복한 부자' 외의 사람은 눈에 보이는 것을 중요하게 여긴다는 것이다. '더럽다', '입에 올리면 안 된다', '생각하면 안 된다', '물욕이나 권력욕을 채우기 위한 도구' 등, 돈을 지갑 안에 있는 현금이나 계좌에 찍힌 숫자처럼 눈에 보이는 것으로 생각한다.

반면에 행복한 부자는 돈을 사랑, 감사, 신뢰의 에너지가 형태가 된 것으로 생각하기 때문에 눈에 보이지 않는 세계를 중요하게 여긴다.

돈을 포함해 모든 것은 에너지이기 때문에 이미지나 생각 또한 에너지라고 할 수 있다. 이미지와 이미지의 현실화를 과학적인 관점에서 생각하면, 마치 실제 현장에 있는 것처럼 그 상태를 머릿속으로 그림으로써 우리 몸을 구성하는 소립자의 상태가 바뀌고 에너지의 상태도 바뀐다.

실제로 어떤 세미나를 열었을 때 수강생들에게 머릿속으로 350억 원을 상상하는 트레이닝을 하게 한 적이 있다. '내 연 수입은 350억 원!'이라고 말하면서 350억 원을 끌어당기는 이미지 트레이닝이다. 이 세미나가 끝나고 2년 반 정도가 지난 후에 한 수강생이 정말로 350억 원을 현금으로 손에 넣었다는 소식을 내게 전해주었다. 세미나의 수강생은 50명 정도였지만 정말로 350억 원을 끌어당긴 사람은 단 한 명뿐이었다.

그 사람은 어떻게 실제로 돈을 끌어당길 수 있었을까?

그 사람만이 생생하게, 현장감 넘치는 350억 원을 상상했기 때문이다. 350억 원이라는 돈을 쌓으면 어느 정도 높이인지, 무게는 얼마나 나가는지 등 구체적인 이미지를 상상했다고 한다. 즉, 돈을 끌어당기는 비결은 현장감을 가지고 생생하게 이상적인 상태를 머릿속에 그리는 것이다.

당신에게 이상적인 수입은 어느 정도인가?

당신에게 이상적인 생활은 어떤 생활인가?

부의 크기를 구체적이고 생생하게 상상해보자.

행복한 부자와 그렇지 않은 사람의 차이는 '돈이라는 에너지를 얼마나 생생한 현장감을 가지고 느끼는가'이다. $E = mc^2$라는 관측할 수 있는 세계로 생각하는지, $E = hv$라는 관측할 수 없는 세계로 생각하는지에서 차이가 난다.

부자가 되려면 자신은 풍요롭다는 풍요의 마인드가 중요하다.

행복한 부자의 세계로 가기 위해서 당신이 가장 먼저 해야 할 일은 단순하다. 우선 '없다'라는 결핍의 상태에서 '있다'라는 풍요의 상태로 의식을 바꾸는 것이다. 의식을 돈에 맞출 때 '(돈이 없으니까) 부자가 되고 싶다'가 아니라 '(돈이 있으니까) 나는 이미 부자이며 풍요롭다'라고 생각해야 한다. 사람은 부족한 것을 의식하면 불평불만이 튀어나온다. 반대로 '있는 것'에 의식이 향하면 풍요롭고 행복함을 느낀다.

불교의 가르침에 이런 말이 있다. '스스로 만족할 줄 안다吾唯知足.'

부족한 것이 아니라 이미 있는 것에 만족하는 생각이 항상 '풍요의 마인드'를 가지는 비결이다.

칵테일 파티 효과에서도 설명했듯이 인간은 망상활성계로 자신이 필요한 정보만 가려서 처리하며, 그때 의식하거나 주의를 기울이는 정보를 다시 구성한다. 그리고 의식은 공명한 것을 끌어당긴다.

돈이 있는 상태를 의식하기 시작하면 나에게 있는 것이 무엇인지를 생각하게 된다. 그것이 바로 돈을 끌어당기는 첫걸음이다.

우주가 95퍼센트의 관측할 수 없는 물질과 에너지로 구성되어 있듯이 우리가 사는 세상에도 당신이 아직 관측하지 못한 세계가 있다.

지금까지 여러분이 단 5퍼센트의 표면의식으로만 살았다는 사실을 깨닫자. 내가 가진 잠재의식의 힘을 이해하고 우선 돈에 대한 이미지를 바꾸자. 근거야 어쨌든 '나는 돈이 있어', '나는 이미 풍요로워', '돈이란 사랑과 감사와 신뢰의 에너지가 형태가 된 거야'라고 생각하고 부와 풍요의 구체적인 이미지를 떠올려 보자.

행복한 부자 마인드로 이끄는
억만장자 호흡법

이제 잠시 쉬어가면서 트레이닝을 해보자. 내가 강연이나 세미나 등에서 실시해보고 실제로 효과가 있었던 '억만장자 호흡법'이다. 의자에 앉아 계속 책을 읽어서 피곤할 테니 이쯤에서 몸을 풀면서 심리적 블록을 확 깨버리자.

'억만장자 호흡법'은 간단하게 다음 순서로 하면 된다.

1. 근육 반사 테스트로 '수입 블록'을 설정한다.
2. 설정한 금액만큼 감사의 에너지를 들이마시는 상상을 한다.
3. 근육 반사 테스트로 '수입 블록'이 깨졌는지 확인한다.

이렇게 세 가지만 하면 된다. 우선, 2명이 한 쌍이 되어 각자의 수입 블록을 설정하고 다음을 따라 해보자.

1단계 : '수입 블록' 체크

① 2명이 한 쌍이 되어 A가 오른쪽 팔을 옆으로 크게 뻗으면서 힘을 준다.
② 그다음, "내 월수입은 100만 원입니다"라고 소리 내서 말한다.
③ B는 A가 말하는 순간에 팔을 아래로 내리려고 한다.
④ A는 팔에 힘을 주어 아래로 내려가지 않도록 버틴다.
⑤ 교대로 하면서 똑같이 체크한다.

먼저 나의 '수입 블록'을 설정한다. 말한 금액과 같다면 팔은 내려가지 않는다. 이렇게 하면서 금액을 100만 원씩 올려 말하고, 어느 금액에서 팔이 내려가는지 확인한다. 팔이 내려간 금액이 '수입 블록'이다. 월수입이 300만 원인데 "내 월수입은

500만 원입니다"라고 하면 거짓말이기 때문에 수입 블록이 작용해서 힘이 들어가지 않고 팔이 내려가게 된다. 수입 블록을 알았다면 억만장자 호흡법을 해보자.

2단계 : 수입 블록을 깨는 '억만장자 호흡법'

① 양손을 머리 위로 뻗어 "내 월수입은 100만 원입니다"라고 말한다.

② 수입만큼 감사의 에너지를 빨아들인다고 상상하면서 숨을 들이마신다.

③ 호흡을 멈추고 감사의 에너지가 온몸에 가득 차는 상상을 하면서 천천히 숨을 내쉰다(손으로 에너지를 내려서 채우듯이 해도 좋다).

④ 마지막으로 "감사합니다"라고 말한다.

⑤ 금액을 올리면서 말한다, 이 과정을 똑같이 반복한다.

입으로 말하는 월수입 금액은 100만 원부터 시작해서 200만 원, 300만 원, 500만 원, 800만 원, 1천만 원, 1,500만 원, 3천만 원, 5천만 원, 1억 원, 3억 원, 5억 원, 10억 원, 30억 원으로 점점 높인다. 최종적으로 '월수입 무한대'까지 가도 상관없다. 가능한 높은 금액까지 올리면 단숨에 블록이 깨진다.

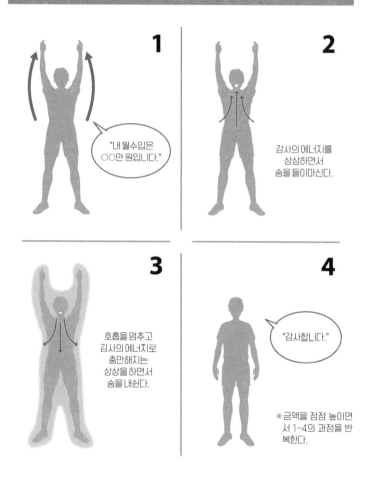

수입 블록을 깨는 억만장자 호흡법

1

"내 월수입은
○○만 원입니다."

2

감사의 에너지를
상상하면서
숨을 들이마신다.

3

호흡을 멈추고
감사의 에너지로
충만해지는
상상을 하면서
숨을 내쉰다.

4

"감사합니다."

※ 금액을 점점 높이면
서 1~4의 과정을 반
복한다.

감사의 에너지에 대한 이미지는 자유롭게 상상해도 좋다. 자기 나름대로 이미지를 상상해보자. 예전 수강생 중에는 '감사'라고 쓰인 1만 원짜리 지폐들이 바스락바스락 소리를 내며 내려오는 상상을 하거나 '감사'라고 쓰인 10억 원이 들어 있는 007 가방이 털썩 내려오는 상상을 한 사람도 있다(웃음). 그 수강생은 "월수입이니까, 가방이 12개가 내려오는 상상"을 했다고 한다.

호흡법을 익혔다면 '수입 블록' 체크를 한 번 더 하자. 처음에 팔이 내려간 금액에서 팔이 내려가지 않게 되거나 자신의 수입 블록이 깨진 사실을 실감할 수 있다.

억만장자 호흡법은 매일 하지 않아도 괜찮지만 자기 안의 의식이 바뀔 때까지 하자. 한 번 블록이 깨져도 다시 블록이 쌓이는 느낌이 든다면 정기적으로 해도 좋다.

실제로 억만장자 호흡법을 실천한 수강생이 어느 날, 통장에 20억 원이 송금되었다며 연락이 왔다. 그 수강생은 오랫동안 팔리지 않던 땅이 이 호흡법을 실천하고 나서 바로 팔렸다고 했다.

보이지 않는 마인드를 바꿔 현실이 바뀐 하나의 사례다. 행복한 부자 마인드를 익히는 억만장자 호흡법으로 눈에 보이지 않는 95퍼센트의 세계에 변화가 일어났기 때문에 현실이 바뀌었다.

"세상 모든 은행의 돈은 내 것이다"

대부분은 자신의 통장에 찍힌 금액이 '내가 가진 돈'이라고 믿는다. 하지만 모든 사람이 한꺼번에 은행에서 통장에 찍힌 돈을 찾으려고 해도 그런 현금은 은행에 없다. 즉, 통장에 찍힌 금액은 실제 돈이 아니라 금액에 대한 정보이자, 양자역학적 관점에서 보면 에너지일 뿐이다.

통장에 찍힌 금액에 얽매여 있으면

잔액의 숫자가 바뀔 때마다 일희일비하고,

진정한 풍요를 손에 넣을 수 없다.

어떻게 하면 돈을 끌어당길 수 있을까?

통장에 있는 돈뿐만 아니라 전 세계 은행에 있는 돈이 '내 것'이라고 믿어야 한다. 풍요의 마인드를 가지려면 '내 것은 내 것, 네 것도 내 것'이라는 마인드를 가지는 것도 중요하다. 세상 모든 은행에 있는 돈을 내 것으로 생각하면 돈이 부족하다는 생각이 사라지고 돈을 쓸 때 주저하지 않게 된다.

에너지인 돈은 순환한다. 당신이 돈을 쓰지 않으면 돈은 돌지 않는다. 당신이 아무리 돈을 벌어서 저축해도 돈을 쓰지 않으면 그 이익을 누릴 수 없다.

은행에 쌓아두는 동안에 지폐는 한낱 종잇조각에 불과하고 가치가 없다. 아무리 돈이 많아도 그대로 쓰지 않고 죽어버리면 의미가 없다. 가령 내일 죽는다고 상상해보자. 당신이 열심히 저축한 돈을 전혀 쓰지 못한다면 아깝지 않겠는가?

열심히 번 돈을 써야 비로소 상품이나 서비스로 바꿀 수 있고, 이익도 누릴 수 있다.

돈은 쓸 때의 마음가짐이 중요하다.

돈을 사용할 때 '돈이 줄어든다', '돈 쓰기 아까워'라고 생각하면 빈자 마인드나 구두쇠 마인드의 주파수를 내보내 풍요를 끌어당기기 어렵다. 진정한 풍요를 끌어당기기 위해서는 빈자나 구두쇠 마인드가 아니라 '풍요의 마인드'에 맞는 주파수를 내보내야 한다.

그렇다면 어떤 식으로 돈을 쓰면 좋을까? 바로 돈을 쓸 때 큰 기쁨을 느끼는 것이다.

돈 쓰는 일은 기쁨의 에너지를 배가시킨다. 원하는 상품이나 서비스를 손에 넣었다면 당신은 기쁨을 느끼고 동시에 가게 주인도 매출이 올라 기쁠 것이다. 가게 주인이 기뻐하는 모습을 보고 당신도 기쁘다. 즉, 당신이 돈을 쓰면 기쁨의 에너지는 3배가 된다. 당신이 손에 넣은 것을 누군가에게 선물하면 선물을 받는 사람도 행복하고, 그 사람이 행복해하는 모습을 보면 당신도 기뻐진다.

타인에게 선물하기 위해 돈을 쓸 때 기쁨의 에너지는 5배나 된다. 그리고 그 기쁨의 에너지가 무한한 우주의 은행에 쌓이게 된다. 이렇게 생각하면 돈을 쓰기만 해도 풍요의 주파수를 내보낼 수 있다.

진정으로 풍요로운 인생을 살기 위해서는 돈을 벌어 자신과 주변 사람이 기쁨을 느끼는 데 아낌없이 쓰고 풍요를 누려야 한다.

이처럼 '나는 무한대로 풍요롭다'라는 생각을 가지고 풍요의 에너지를 보내는 것이 돈을 끌어당기는 비결이다. 그렇게 하면 당신은 부자의 기운을 뿜어내고 풍요의 주파수로 진정한 풍요를 끌어당길 수 있다.

조금 오래된 정보지만 일본경제신문日本経済新聞 2017년 11월 14일 기사에 따르면, 2016년 시점 세계 통화공급량은 약 1경 엔이었다고 한다. 경은 조의 다음 단위다. 1만조 엔이 1경 엔이다. 일본에서는 2021년 12월에 2022년도 국가 예산으로 최대인 107조 5,964억 엔이 국무회의에서 결정되었다. 그 예산의 약 백 배가 1경 엔이라는 숫자이며 엄청난 양의 돈이다. 그러한 어마어마한 양의 돈이 내 것이라고 상상해보자.

◆ ◆ ◆

'세상 모든 은행의 돈이 내 것'이라는 이미지를 내 아버지의 예를 통해 좀 더 자세히 이야기하려고 한다. 아버지는 회사에서 일하는 월급쟁이면서 캄보디아에 학교를 열 개나 세웠다. 캄보디아에 학교를 열 개나 세웠다고 하면 재력가라고 생각할지 모르지만, 전혀 그렇지 않다. 아버지는 평범한 월급쟁이다. 그런데 자신이 가진 돈은 전혀 쓰지 않고 캄보디아에 학교를 세울 수 있었다.

클래식 자선 공연을 기획해서 기부금을 모았기 때문이다. 연주자에게는 재능기부로 연주를 부탁하고, 1인당 10만 원인 공연 티켓 2백 장을 모두 팔았다. 매년 이 일로 기부금을 모아 캄보디아에 학교를 세웠다. 당시에는 2천만 원에서 3천만 원이면 캄보디아에 학교를 세울 수 있었다.

이 이야기를 듣고 무언가 떠오르지 않나? 맞다. 아버지가 한 것은 요즘으로 치면 크라우드 펀딩이다. 크라우드 펀딩이란, 인터

넷에서 불특정 다수의 사람에게 소액의 자금을 조달하는 것이다. 지금은 꽤 유명해져서 한 번쯤은 들어본 적이 있을 것이다.

아버지는 '캄보디아에 학교를 만들자'라는 비전을 내걸고 공연에 온 관객에게 티켓을 팔아서 모은 돈으로 학교를 세웠다. 같은 일을 다른 비전으로 실행하는 사람은 얼마든지 있다.

'세상 모든 은행의 돈이 내 것이다'라는 상상은 이런 이미지다.

돈은 누군가가 소유하는 것이 아니라 모두의 것이기에 비전을 내걸면 그 비전에 동참하는 사람들이 자금을 제공한다.

비전은 첫 단계에서 파동성을 가진 파동에 불과하다. 하지만 비전을 말로 선언하면 에너지를 내보내고 공명해서 물질화되고 현실이 된다.

그렇게 생각하면 돈은 반드시 지갑이나 계좌 안에만 있지 않고 세상 어디에나 존재한다고 상상할 수 있다.

아버지의 예는 어디까지나 돈의 이미지를 깊이 이해하고 흥미를 갖기 위해 이야기한 것이지만, 이렇게 생각하면 돈이 나와 인연이 있는 것으로 생각이 바뀌고 지금보다 훨씬 돈에 흥미가 생기지 않는가?

성공한 사람은
눈에 보이지 않는 것을 믿는다

'그런 비현실적인 일을 어떻게 상상하란 말이야!'라고 생각할지도 모르겠다. 하지만 성공한 사람들은 눈에 보이는 것보다 보이지 않는 것을 믿고 소중히 여긴다.

예를 들면, 스타트업의 경영자가 '이런 미래를 실현하고 싶다'라는 비전을 내세워 비즈니스를 시작했을 때 그 비전은 아직 현실에는 존재하지 않고 눈에 보이지 않는 상상일 뿐이다. 주식투자나 암호화폐 투자 등 레버리지를 활용해 자산을 형성하려고 할 때, 실제로 그것이 오를지 말지는 모르지만 그래도 오른다고 믿는 사람은 투자한다.

우주에서 보이는 것은 단 5퍼센트에 불과하며 보이지 않는 95퍼센트가 우주의 대부분을 차지한다. 인간은 보이는 것을 믿는 경향이 있지만 성공한 사람들은 보이지 않는 세계(이미지, 생각, 사고방식 등)를 중요하게 생각하며 산다. 현실에서는 눈에 보이지 않아도 한편으로 '관측할 수 없을 뿐 존재하는 것이 있다'라고 생각하기 때문에, 각자 믿는 것은 달라도 눈에 보이지 않는 것을 믿는다.

그러므로, '세상 모든 은행의 돈이 내 돈'이라는 이미지도 여러분이 '할 수 있다'라는 생각으로 상상하는 것이 중요하다. 자, 이제 상상해보자!

이미지의 법칙
Key point

- 행복한 부자는 '돈은 사랑과 신뢰와 감사의 에너지가 형태가 된 것'이라는 이미지를 갖고 있다.
- 결핍감이 충족감으로 바뀌면 풍요의 마인드를 가질 수 있다.
- '세상 모든 은행의 돈이 내 돈'이라고 생각하면 재력가의 아우라가 나온다.
- 성공한 사람은 눈에 보이는 것보다 보이지 않는 것을 믿는다.

돈 에너지를 끌어당기는 쪽으로 생각하라. 의식의 주파수를 맞추면 현실이 바뀐다.

당장 해보기	과제 ❶ 만약, 세상 모든 은행의 돈이 당신 돈이라면 어디에 돈을 쓰고 싶은가?

❶ 어디에 돈을 쓰고 싶은지 적어보자.

언어의
법칙

"'나는 3년 안에 부자가 될 거야'
라고 말하면 인생이 바뀐다"

인생을 바꾸려면 순서가 있다.

1. 의식이 바뀌면 사고가 바뀐다.
2. 사고가 바뀌면 말이 바뀐다.
3. 말이 바뀌면 행동이 바뀐다.
4. 행동이 바뀌면 습관이 바뀐다.
5. 습관이 바뀌면 인격이 바뀐다.

이처럼 '의식 → 사고 → 말 → 행동 → 습관 → 인격'의 순서로 습관이나 인격이 바뀌면 현실이 바뀌고, 이런 변화가 쌓여 인생이 바뀐다.

지금까지는 양자역학의 지식이나 돈을 끌어당기는 법칙을 이야기하면서 당신의 인식과 의식을 바꾸고 그에 따른 사고방식에 변화를 주고, 당신 안에 있는 멘탈 블록을 깨는 방법도 이야기했다. 단, 사고는 간단하게 바뀌지 않는다. 긍정적으로 생각해도 현실로 만들지 못하는 사람이 많은 이유는, 인간은 누구나 어린 시절부터 쌓인 경험에 바탕을 둔 정보가 잠재의식에 있는 탓이다. 그것이 고정관념이나 상식이 되고, 사고방식을 형성하고, 행동방식을 제한한다.

예컨대, 어린 시절부터 부모가 '돈 이야기하지 마라', '돈은 더럽다', '부자는 나쁜 일을 한다' 등 돈에 대한 어떠한 부정적인 이미지를 심어버리면 성인이 된 후에도 돈에 대한 부정적인 고정관념이나 상식이 생기게 된다. 아인슈타인도 "상식이란 18세까지 얻은 편견의 집합이다"라고 말했다.

법칙 1에서 '생각한 일이 현실이 된다'라고 했던 것을 기억하는가? 하지만 생각만 한다고 해서 현실로 이루어지는 것은 아니다.

아무리 생각해도 현실을 바꾸기란 어렵다. 나와 세상을 보는 사고방식도 비슷하고, 음식뿐 아니라 물건 고르는 취향은 물론, 취미까지 같은 이상적인 파트너를 열심히 머릿속에 그려도 갑자기 이상적인 애인이 나타나지는 않는다. 법적으로 아무런 문제가 없고, 세금을 떼지 않고 온전히 내가 가질 수 있으며, 일하지 않고도 10억 원을 손에 넣고 싶다고 생각해도, 현관문을 열고 2분 만에 10억 원과 마주하는 일은 없다(웃음).

어떤 일이 현실이 되기까지는 시차$^{Time\ lag}$가 있는데 이 시차를 줄이는 방법이 있다. 그 방법이 바로 '말의 힘'이다.

눈에 보이지 않는 상상이나 사고는 양자역학적으로는 파동성을 가지고 있다. 그리고 상상이나 사고를 현실화하려면 '파동성에서 입자성으로(보이지 않는 것에서 보이는 것으로)' 바꿔야 한다.

소립자가 관측되면 파동성에서 입자성으로 변하는 것처럼, 생각이나 상상을 언어로 말하는 순간 보이지 않던 것들이 보이게 되면서 파동성에서 입자성으로 바뀌고, 모든 일이 구체적으로 변한다.

즉, 당신이 하는 말로 현실이 만들어지는 것이다.

이처럼 말을 바꾸고 이를 통해 현실을 바꾸는 것을 '언어의 법칙'이라고 한다. 언어에 힘이 있다는 믿음은 예전부터 동양 사상에 잘 나와서 동양인에게는 낯설지 않다. "말이 씨가 된다"라는 속담이나, "엄마 손은 약손"이라고 말하면서 배를 문지르면 배앓이가 낫는다는 믿음이 그 예다.

나를 위한 긍정의 말을 내보내면
잠재의식이 바뀐다

말은 의식해서 바꿀 수 있다. '못 해'라는 말이 튀어나오려고 할 때, 마음을 돌려 "(잠깐, 아니지) 할 수 있어"라고 의식해서 말하면 된다.

이처럼 말의 힘으로 자기암시를 거는 방법을 '어퍼메이션 Affirmations'이라고 한다. 어퍼메이션이란, 말의 힘으로 잠재의식을 바꾸는 것으로, '이상적인 자기 자신이 되기 위해 말로 확신하는 것'이다. 앞에서 소개한 억만장자 호흡법도 어퍼메이션의 원리를 적용해서 개발했다.

어퍼메이션은 미국의 심리학자이자 자기계발의 세계적 권위자 루 타이스Lou Tice가 《잠재력 발휘를 위한 스마트 토크Smart Talk for Achieving Your Potential》라는 책에서 언급해 유명해졌다. 루 타이스는 "말이 인생을 결정한다"라고 했다.

실제로 내가 매일 말하는 돈을 끌어당기는 어퍼메이션을 소개하겠다.

"나는 무한대로 풍요롭다."

"나는 돈을 사랑한다."

"나는 돈에 감사한다."

"나는 돈을 끌어당긴다."

"나는 타인에게 기쁨과 가치를 주는 사람이다."

"나는 돈을 나눠준다."

"나는 돈으로부터 자유롭다."

"나는 사랑과 봉사를 위해 돈을 쓴다."

이 말을 하루에 열 번 이상 되풀이해보자. 어퍼메이션의 힘으로 잠재의식이 바뀌고 돈을 끌어당길 수 있다. 당신도 말의 힘을 이용하면 풍요로운 생활을 손에 넣을 수 있다.

모든 것은 에너지다, 고로 '말'도 에너지다

모든 것이 에너지이므로 언어 또한 당연히 에너지다. 당신이 소리 내서 내보내는 에너지라서 나와 타인 모두에게 큰 영향을 끼친다. 언어 에너지를 양자역학 관점에서 생각하면 다음과 같은 공식으로 표현할 수 있다.

언어 에너지 = 말 × 목소리의 주파수

언어는 말과 목소리의 주파수로 나눌 수 있다. 말은 좌뇌를 사용해서 내기 때문에 언어의 입자성(눈에 보이는) 세계에 해당하고, 목소리의 주파수는 뉘앙스에 따라 소리 내는 방식이 달라지기 때문에 감정적인 파동성(눈에 보이지 않는) 세계에 해당한다. 즉, 같은 언어라도 소리의 주파수가 바뀌면 언어 에너지가 달라진다.

예를 들면, 감사하는 마음을 전할 때 우리는 "고마워"라고 말한다. 당신이 어떤 마음으로 '고마워'를 말하는지에 따라 목소리 톤이나 발성 방법, 목소리의 주파수가 달라진다.

전혀 감사하는 마음이 없고 겉으로만 드러나는 '고마워'와 마음에서 우러나와 감사의 마음을 전하는 '고마워'를 비교해보자. 같은 세 글자인데도 전달하는 느낌이 다를 것이다. 요컨대, 같은 말이라도 목소리 주파수가 바뀌면 언어 에너지가 다르다. 언어의 법칙에서는 말의 내용도 중요하지만 어떤 마음과 감정으로 말하는지도 중요하다.

그렇다면, 말의 주파수를 바꾸려면 구체적으로 어떻게 하면 좋을까? 말을 내뱉는 차크라를 바꾸면 이해하기 쉽다.

차크라Chakra는 산스크리트어로 '바퀴', '순환하다'라는 뜻이다. 요가를 배워본 사람은 들어본 적이 있을 것이다. 우리 몸에는 에너지가 드나드는 7개의 에너지 포인트가 있는데 이것이 바로 '차크라'다.

예를 들어, "고마워"라는 한마디도 어느 차크라를 사용해서 말하는지에 따라 전달되는 언어 에너지가 매우 달라진다.

6번 차크라로 말하는 사람은 '머리로 생각해서 말하는 고마워'이며 5번 차크라로 말하는 사람은 '말로만 하는 고마워'라

우리 몸의 7가지 차크라

❼번 차크라(정수리) ·················· 영적 상태

❻번 차크라(미간) ·················· 직감, 지혜

❺번 차크라(목) ·················· 커뮤니케이션

❹번 차크라(가슴) ·················· 사랑, 인간관계

❸번 차크라(명치) ·················· 개인의 힘

❷번 차크라(배꼽 아래) ·················· 감정, 정서

❶번 차크라(뿌리) ·················· 생존, 육체적 욕구

고 할 수 있다. 4번 차크라로 말하는 사람은 '마음에서 우러나오는 고마워'이고, 2번 차크라로 말하는 사람은 '고마워서 행복하고, 마음으로 완전히 받아들인 고마워'라서 굉장한 에너지가 나온다.

변하려면 말부터 바꿔라

법칙 2에서 말을 바꾸는 것에 대해 살짝 언급했다. 이제부터는 본격적으로 어떻게 말을 바꿀지 알아보자.

언어의 법칙을 활용하기 위해서는 가장 먼저 말부터 바꿔야 한다. 말을 바꾸면 여러분의 '자기 인식'이 바뀐다. 당신이 평소에 사용하는 말버릇을 생각해보라. 그다음, 그것을 종이나 스마트폰 메모장에 적어보는 것도 괜찮다. 그 말들을 긍정적인 언어로 바꿔보자.

'매일 바빠.' ⇨ '매일 충실해.'
'자신이 없어.' ⇨ '자신 있어.'
'나는 할 수 없어.' ⇨ '나는 할 수 있어.'

'별 볼 일 없는 하루였어.' ⇨ '무사히 하루를 보냈어.'

'이제 한계야.' ⇨ '끝까지 해냈어.'

'돈이 없어.' ⇨ '나한테 이만큼이나 돈이 있어.'

말버릇은 각자 다르겠지만 우선 부정적인 말을 가려내서 긍정적인 말로 어떻게 바꿔야 할지 생각한 후에, 의식해서 긍정적으로 말하기를 연습하자.

성공한 사람들이나 부자들이 절대로 쓰지 않는 말이 있는데, 몇 가지 소개하겠다.

• "돈이 없다"

돈이 없다고 말하면 잠재의식에 자신과 돈은 인연이 없다고 각인되므로 "돈이 없다"라는 말은 절대로 하지 말자.

• "돈만 있으면"

성공한 사람은 돈이 있든 없든, 무슨 일을 할 수 있는지부터 생각한다. 돈을 손에 넣기 위해 무엇을 할 수 있는지 생각하자.

• "○○가 나쁜 탓이야"

돈이 없는 이유를 '경기가 나빠서', '법이 나빠서', '코로나 영향 때문' 등 사회나 환경이 나쁘다고 생각하는 사람은 스스로 바뀌려고 하지 않는다.

어떤가? 평소에 자주 하면서 내게 좋지 않은 영향을 주고 있던 나의 말버릇이 있는가?

돈에 대한 말버릇을 바꾸기만 해도 인생은 달라진다.

〈신약성서〉 요한복음 1장에도 다음과 같은 구절이 있다.

'태초에 말씀이 계시니라. 이 말씀이 하나님과 함께 계셨으니 이 말씀은 곧 하나님이시니라. 그가 태초에 하나님과 함께 계셨고 만물이 그로 말미암아 지은 바 되었으니 지은 것이 하나도 그가 없이는 된 것이 없느니라.'

여기서 말하는 '말씀'이란 만물의 근원, 우주의 원리를 말한다. 실제로 말에는 사물을 창조하는 힘과 우주를 창조하는 힘이 깃들어 있다고 생각한다.

같은 생물이라도 인간만이 말을 다룰 줄 안다. 원숭이나 침팬지는 차를 발명하거나 비행기를 만들지 못하고, 인간만이 이 세상에 있는 온갖 것을 창조할 수 있다. 말에는 보이지 않는 세계(파동)를 보이는 세계(입자)로 변화시키는 힘이 있다.

나는 전 세계에서 몇 번째로 부자일까?

당신이 전 세계에서 어느 정도 부자인지 알고 있는가? '에이, 세계적으로 따지면 부자는 아니잖아'라고 생각하는 사람이 많을 것이다. 당신이 세계에서 어느 정도 부자인지 알 수 있는 사이트가 있다. 무료 사이트인 '수입 비교기Income Comparator'(사이트 주소 : https://wid.world/income-comparator/)에서 당신의 연봉이 전 세계에서 몇 퍼센트 안에 들어가는지 알 수 있다.

이 사이트에서 국가명, 연봉이나 월급, 세대 인원수 등을 입력하면 당신이 사는 나라와 세계에서 상위 몇 퍼센트 부자인지 알 수 있다. 시험 삼아 당신의 연봉을 입력해서 알아보자. 그러면 당신이 전 세계에서 어느 정도 부자인지 알게 된다.

연봉이 4천만 원이고 1인 가구라면 한국에서는 상위 21퍼센트, 전 세계에서는 11퍼센트라는 결과가 나온다. 만약 연봉이 8천만 원이고 1인 가구라면 한국에서는 상위 10퍼센트, 전 세계에서는 상위 4퍼센트라는 결과가 나온다.

이런 결과도 굉장하다는 생각이 들지만, 전 세계에서 가장 가난한 나라인 중앙아프리카공화국의 국민 한 사람당 총소득 GNI은 미국 달러로 겨우 530달러(약 68만 5천 원, 2023년 6월 기준-역주)라고 한다. 이제 연봉이 4천만 원이라면 전 세계에서는 부자라는 사실을 알았다.

세계를 둘러보면 자신이 얼마나 풍족하고 혜택받는 나라에서 태어났는지 알 것이다. 그런데도 자신에게는 돈이 없다고 믿고, 돈이 없다고 습관처럼 말하고, 돈이 없는 주파수의 에너지를 내보내, 굳이 돈이 없는 현실을 끌어당긴다면 참으로 안타까운 일이 아니겠는가.

우선 자신의 위치를 제대로 알고 인식을 바꾼 다음 말도 바꾸자. 그러면 풍요의 마인드가 생기고 돈을 끌어당기게 된다.

수많은 가능성이 존재하는 세계

PART 1에서 소개한 이중 슬릿 실험에서 '전자는 관측하지 않으면 파동 상태, 관측하면 입자 상태가 된다'라는 이중성을 이야기했다. 이 문제를 두고 물리학자들은 오랫동안 의견이 나뉘었고 현재까지 다양한 해석이 나온다. 그중에 하나가 '코펜하겐 해석Copenhagen interpretation'이다.

코펜하겐 해석에 따르면 보거나 측정하지 않을 때 전자는 수많은 가능성이 중첩된 상태로 존재한다. '파동 상태로 여러 위치에 존재할 확률을 갖고 있다가, 관측하면 순간적으로 한 점으로 수축하며 파동 상태에서 입자 상태가 된다'라는 것이다.

어린 시절, 소풍 날 어머니가 만들어준 도시락을 떠올려 보자. 도시락 뚜껑을 열기 전까지 두근두근 설렜던 경험이 있을 것이다. 도시락 뚜껑을 열기 전까지 도시락에는 수많은 가능성이 있다. 예를 들어 치킨이 있을 수도 있고 다른 반찬이 있을 수도 있다. 하지만 뚜껑을 연 순간에 어떤 한 가지 상태가 되어 내용물(예를 들면, 치킨 도시락)을 관측할 수 있게 된다.

또 다른 해석으로는 1957년에 미국 물리학자인 휴 에버렛 Hugh Everett이 주장한 '다세계 해석Many-world interpretation'이 있다. 다세계 해석에서는 '미시세계도 거시세계도 모두 중첩된 상태로 존재하기 때문에, 확률에 따라 결정되는 사건의 수만큼 세계는 수많은 갈래로 나뉘어 있다'라고 주장한다. 이 다세계 해석은 공상과학 소설이나 영화에 자주 등장하는 '평행세계Parallel World가 있다'라는 생각과 같다. 평행세계란, 우리가 사는 우주 외에도 수많은 세계에 내가 존재할지도 모른다는 해석이다.

예컨대, 식당에서 무언가를 주문할 때 주문하기 전까지는 무엇을 먹을지 다양한 가능성이 동시에 존재한다. 카르보나라를 먹는 세계, 튀김 정식을 먹는 세계, 카레 돈가스를 먹는 세계 등 여러 가지 세계가 나란히 존재한다. 만약 당신이 튀김 정식을 주문하면 '튀김 정식을 먹는 세계'로 들어가지만, 다른 차원에서는 당신이 다른 메뉴를 먹고 있는 세계도 동시에 존재한다는 개념이다.

현재도 물리학자들 사이에서 '평행세계가 있는지'에 대해 열띤 논의가 이루어지고 있다. 미국 하버드대학 교수이자 이론물리학자인 리사 랜들Lisa Randall 박사는 5차원 우주론을 주장했다. 매사추세츠 공과대학 맥스 테그마크Max Tegmark 교수는 다중우주론(멀티버스)을 주장했는데, 그에 따르면 이론적으로는 10의 500승 개의 어마어마하게 많은 우주가 존재한다고 한다.

평행세계라는 개념은 우리 인생에 적용할 수도 있다.

'인생은 선택과 결단의 연속이며, 선택하기 전까지는 수많은 가능성의 우주가 존재한다'라고 생각하면 어떨까? 즉, 당신의 연봉이 4천만 원인 세계도, 1억 원인 세계도, 10억 원인 세계도 동시에 존재한다는 말이다.

나의 선택이 가능성을 만든다

양자역학적 관점으로 세계가 성립되는 과정을 보면, 지금 당신이 처한 현실 또한 당신이 과거에 한 선택과 결정으로 끌어당긴 것이다. 그렇다면 현재 상태에서 인생을 바꾸기 위해 해야 하는 일도 알 수 있다.

그렇다! 바로 '부자가 되겠어!'라는 결심이다.

큰 인기를 얻은 일본 만화 〈원피스〉의 주인공 루피는 책 시작부터 "나는 해적왕이 되겠어!"라고 선언한다.

"해적왕이 되고 싶다"가 아니라 "되겠어"라고 말했다. 만화가 연재 중인 지금까지도 그 목표를 향해 모험하면서 전력 질주하고 있다. 당신이 이 책을 통해 바로 그 '루피'가 되었으면 한다. 잠깐, 해적이 아니라 부자가 되라는 것이다(웃음).

그러려면 먼저 "나는 부자가 되겠어!"라고 결심해야 한다. 이제부터 전할 내용은 부자가 되기 위한 사고방식인데, 아무리 방법을 말해도 스스로 '그렇게 되겠다'라는 결심이 서지 않으면 이룰 수 없다.

'부자가 되고 싶어'로는 돈이 없는 현실을 끌어당길 수 있으니 그걸로는 안 된다. '부자가 되겠어'라는 미래를, 이 시점에서 선택하고 결단을 내려야 한다. 지금은 아직 부자가 아니어도 괜찮다. 당신이 부자가 되겠다고 결심하면 '부자가 되는 평행 세계'가 선택되어 시작되기 때문이다. 다중우주론에 따르면 얼마든지 가능하다.

'부자란 무엇인가'에 대해서는 각자가 정의해도 좋다. 연봉 1억 원도 3억 원도 10억 원도 연 수입 350억 원도 상관없다.

> '그렇게 되겠다'라고 마음먹는 것이 중요하다.
> 그렇게 다짐하면 보이지 않는 파동 상태인 가능성이
> 보이는 입자 상태가 되고, 현실로 이루어진다.

엘리베이터로 바꿔서 생각하면 알기 쉽다. 여러분이 엘리베이터에 탔는데 아직 어떤 버튼도 누르지 않았다고 해보자. 당연히 엘리베이터는 움직이지 않고 당신을 어디에도 데려가지 않는다. 하지만 엘리베이터에 탔을 때는 목적지가 분명히 있다. 3층에 갈지, 5층에 갈지, 옥상으로 갈지, 어디로 갈지에 따라 누르는 버튼이 달라진다. 버튼을 누르지 않는다면 목적지에 도착할 수 없다.

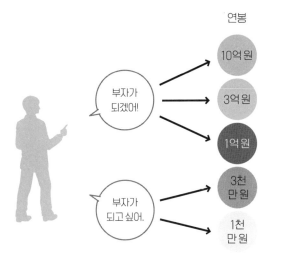

인생도 완전히 똑같다. 인생에서도 갈 곳을 정하지 않는 한 목적지에는 도착할 수 없다. 부자가 되고 싶다고 해도 어느 정도 부자가 되고 싶은지 명확하게 정하지 않으면 그곳에 도착할 수 없다.

연봉 1억 원을 목표로 하고 싶은지, 3억 원을 목표로 하고 싶은지 혹은 10억 원을 목표로 하고 싶은지, 목적지를 정해야 현실이 움직이기 시작한다. 로비에 있는 당신이 원하는 연봉이 1억 원이라면 1층을, 3억 원이라면 3층을, 10억 원이라면 10층을, 각자 자신의 의지로 버튼을 누를 수 있다면 엘리베이터는 그곳에 도착하기 위해 움직이기 시작한다.

버튼을 누를 때는 인생의 가능성을 넓힐 수 있는 선택을 하자. 그 버튼을 누르면 가슴이 뛸지, 밝은 미래를 상상할 수 있는지를 기준으로 삼아서 결정해도 좋다.

어떤가? 눌렀는가? "나는 부자가 되겠어!", "나는 연봉 ○○억 원을 벌겠어!"라고 말했는가? 결단을 내리고 말로 할 수 있다면, 이제 그 평행세계로 이동할 수 있다.

언어의 법칙
Key point

- 언어의 힘으로 잠재의식을 바꾸고 신념을 바꿀 수 있다.
- 나는 이미 풍족하고, 세계적으로 부자다.
- 부정적인 말버릇을 긍정적으로 바꾸면 현실이 바뀐다.
- '부자가 되겠어!'라고 결심하면 부자의 평행세계로 이동할 수 있다.

돈 에너지를 끌어당기는 쪽으로 생각하라. 의식의 주파수를 맞추면 현실이 바뀐다.

당장 해보기	과제 ❶ 당신은 언제까지, 어느 정도의 돈을 만들고 싶은가?
	과제 ❷ 그 돈을 만들기 위해 이제부터 무엇을 할 것인가?

❶ 목표로 하는 구체적인 돈과 기한을 적어보자.

----

❷ 그 돈을 만들기 위해 지금 당장 무엇을 할 수 있는지 적어보자.

행동의
법칙

"돈이 무엇인지 배워야
돈이 불어난다"

지금까지 끌어당김의 법칙, 이미지의 법칙, 언어의 법칙을 이야기했지만 가장 중요한 것은 행동이다. 행동만이 현실을 가장 빠르게 바꾸는 방법이다. 머리로 생각해도 행동을 바꾸지 않으면 현실은 바뀌지 않는다. 부자가 되겠다고 결심한 당신이 다음으로 해야 할 일은 실제로 부자가 되기 위한 행동을 하는 것이다. 그런 행동을 계속하면 습관이 되고, 당신의 현실이 바뀐다.

부자는 돈에게 사랑받는다

부자가 되기 위해서는 돈에게 사랑받아야 한다. 어떻게 하면 돈에게 사랑받을 수 있을까? 돈에게 사랑받으려면 사람에게 사랑받는 태도를 생각하면 된다. 사람에게 사랑받기 위해서는 어떻게 해야 할까? 다음처럼 하면 된다.

- 사람에게 관심을 갖는다.
- 사람에 대해 배운다.
- 사람을 사랑한다.
- 사람을 소중히 여긴다.
- 사람을 정중히 대한다.
- 사람에게 감사한다.

돈에게 사랑받으려면 똑같이 하자.

- 돈에게 관심을 갖는다.
- 돈에 대해 배운다.
- 돈을 사랑한다.
- 돈을 소중히 여긴다.
- 돈을 정중히 대한다.
- 돈에게 감사한다.

그러면 돈에게 사랑받는 비결을 자연스럽게 발견할 수 있다.

좋아하는 사람이 생겨서 그 사람에게 호감을 사고 싶다, 사귀고 싶다, 마지막엔 결혼하고 싶다고 생각했을 때 먼저 해야 할 일은 그 사람에게 흥미를 갖고, 그 사람에 대해 아는 일이다.

상대의 취미나 취향, 특기, 좋아하는 음악이나 문학, 좋아하는 영화, 장소, 생각, 싫어하는 것 등 어쨌든 상대를 알려고 노력해야 한다. 마찬가지로, 우선 돈에 관심을 가져야 한다. 그리고 돈이 무엇인지를 알아야 한다.

당신은 지금까지 살면서 돈 공부를 했는가? 초등학생, 중학생, 고등학생 때 국어, 영어, 수학 공부는 했어도 대부분 돈 공부는 하지 않는다.

세계적인 교육기업 EF가 발표한 2021년 'EF 영어 능력지수' 순위에 따르면 일본인의 영어 능력은 세계 112개국 중 78위, 아시아 24개국 중 13위였다. 영어 공부를 많이 한 사람에게는 충격적인 사실일 수도 있겠다(참고로 한국은 세계 37위, 아시아 5위였다. 최신 자료인 2022년에는 한국은 세계 36위, 일본은 80위였다-역주). 오랫동안 영어 공부를 해도 영어를 잘 사용하지 못하는 일본인이 많다. 그렇게 생각하면 일본인이 얼마나 돈 공부를 하지 않았는지 짐작이 갈 것이다.

부자는 돈에 관한 공부를 누구보다 많이 했기 때문에 부자가 되었다. 돈에 흥미를 갖고 돈 공부를 계속하면 돈의 시스템이나 부자의 사고방식을 이해해 돈을 끌어당길 수 있다. 우선, 관심과 흥미를 갖고 돈 공부를 시작하자!

부자는 돈을 쓰지 않고 원하는 것을 손에 넣는다

돈에 흥미가 생겼다면 돈 공부를 하고, 돈을 어떻게 사용할지도 알아야 한다. 돈 사용법은 다음과 같이 세 가지가 있다.

- 낭비 : 값을 치른 금액보다 가치가 낮은 것에 돈을 쓰는 일
- 소비 : 값을 치른 금액과 가치가 같은 것에 돈을 쓰는 일
- 투자 : 값을 치른 금액보다 가치 있는 것에 돈을 쓰는 일

'낭비'란 필요 이상의 사치나 슬롯머신 같은 도박 등 쓸데없는 지출을 말한다. '소비'는 식비나 전기요금 등 생활에 필요한 곳에 돈을 쓰는 일이다. 세 가지 돈 사용법 중에서 가장 중요한 것은 바로 '투자'다. 가능한 한 '투자'에 높은 비중을 두는 것이 부자가 되는 비결이다.

소비   산 것 = 값을 치른 금액

투자   산 것 > 값을 치른 금액

낭비   산 것 < 값을 치른 금액

부자라고 불리는 사람들은 그렇지 않은 사람들과 비교하면 낭비를 하지 않고 투자하는 데 돈을 쓴다. 반대로, 돈을 잃는 사람일수록 반대 비율로 돈을 쓴다. 이상적인 돈 사용 비율은 낭비 1 : 소비 6 : 투자 3이다.

투자는 자산 가치가 올라가는 것에 돈을 쓰는 것이다. 부동산을 예로 들어보자. 나는 10년 전쯤에 역과 바로 연결된 주상복합 아파트를 약 4억 원에 구매했다. 일반적으로 신축 아파트는 구매 후 자산 가치가 떨어지지만 도심에 있는 역과 바로 연결된 아파트라면 자산 가치가 잘 떨어지지 않는다.

운이 좋으면 자산 가치가 올라가기도 한다. 현재, 구매한 아파트의 시세는 7억 원 가까이 되어서 자산 가치가 약 1.8배 올랐다. 이 경우처럼 자산 가치가 올라가는 것에 돈을 쓰는 일이

투자다.

아버지의 지인 중에 전자제품의 부품을 판매하는 회사의 사장이 있었다. 지역에서 덕망 있는 사람으로, 그는 사업을 하면서 봉사활동으로 아이들에게 컴퓨터 등 전자제품을 사용하는 법에 관해 가르쳤다. 그러던 어느 날, 직원이 회삿돈을 횡령해서 도망치는 사건이 발생했고 회사가 도산했다.

정말 안타까운 사건이지만 평소 평판이 좋았던 덕분에 주변 사람들이 "다시 한번 시작해봐"라면서 격려해주었고, 1주당 5백만 원을 출자금으로 모집했다. 아버지도 그를 응원하는 마음으로 돈을 보탰고, 자본금은 전부 1억 원이 모였다.

그 후에 회사가 상장해서 아버지가 가지고 있던 그 회사의 주식은 9억 원으로 올랐다. 물론, 아버지는 돈이 불어날 거라고 예상하지는 않았지만, 응원하고 싶다는 마음에서 한 투자가 자산 가치가 오르는 것으로 보상받았다.

참고로 가장 위험이 적고 돌아오는 것이 큰 투자는 무엇일까? 바로 자기 투자다.

세미나에 참석하고, 독서를 하고, 성공한 사람의 사고방식이나 방법을 배우는 것이 가장 위험이 적은 투자다.

세계 제일의 투자가 워런 버핏Warren Buffett은 하루의 3분의 1을

독서에 투자하고, 마이크로소프트의 창업자 빌 게이츠^{Bill Gates}는
집에 사설 도서관이 있어 책을 1만 권 이상 가지고 있다고 한다.

앞으로 당신이 무엇에 투자할지는 모르지만 돈 사용법에는
세 가지가 있고, 부자가 되기 위해서는 낭비를 줄이고 투자를
늘려야 한다는 사실을 명심하자. 소비는 살아가는 데 필요한
식비, 전기세, 집세 등 생활비가 대부분을 차지해서 엉뚱하게
사용하는 일이 없을지도 모르지만, 마음에 걸리는 쓸데없는 낭
비가 있다면 지금 당장 바로잡아야 한다.

◆ ◆ ◆

부자가 왜 부자인지 아는가? 될 수 있으면 돈을 쓰지 않으려
고 해서 부자다. 내가 진짜 유대인 자산가에게 배운 '돈에 대한
가르침'이 있다.

- 소모품에는 되도록 돈을 쓰지 마라.
- 자산 가치가 올라가는 것에 돈을 써라.

소모품이란 생활용품이나 옷 등을 말한다. 유대인 부자는 소

모품에는 돈을 쓰지 않는 대신, 자산 가치가 올라가는 것에는 돈을 쓴다. 자산 가치가 올라가는 것으로는 주식이나 부동산 등이 있지만, 유대인의 가르침 중에는 '휴대할 수 있는 가장 비싼 자산은 다이아몬드와 고급 시계'라는 말이 있다.

부자는 돈을 쓸 때 낭비하지 않고 투자를 해서 자산 가치가 올라가 더욱 돈이 들어오는 것이다.

또한, 부자는 기본적으로 돈을 쓰려고 하지 않는다. '돈을 쓰지 않고 원하는 것을 어떻게 손에 넣을지'를 생각한다. 반대로 돈이 있다고 해서 펑펑 쓰며 낭비하는 사람은, 잠시 부자가 될 수는 있어도 통장 잔액이 줄어들 때마다 점점 가난해진다.

다만, 우리는 부자의 사고방식을 따라 할 수 있다. 예를 들면, 서울에서 부산까지 돈을 쓰지 않고 가려면 어떻게 하면 좋을까? 잠깐 생각해보자. 어떤 방법이 떠올랐나?

- 히치하이킹을 해서 간다.
- 자전거로 간다.
- 부산에서 일해서 돈을 벌어 그 돈으로 이동한다.

이런 예들처럼 무언가 방법이 떠올랐을 것이다.

내 지인 중에는 컨설턴트가 있는데, 그는 집세를 내지 않고 11억 원짜리 주상복합 아파트에 살았다. 그 주상복합 아파트의 부동산회사 사장에게 "컨설팅으로 매출을 1.5배로 올려줄 테니 주상복합 아파트에서 살게 해달라"라고 협상해서 컨설팅 비용 대신에 그 아파트에서 살았다.

마찬가지로 광고비로 1억 원이나 하는 TV 광고도 컨설팅을 대가로 무료로 광고를 내보내기도 했다. 그 컨설턴트는 자신의 자원을 이용해서 제공할 수 있는 가치를 창조했다. 그리고, 돈을 쓰지 않고 자신이 가진 가치와 바꾸는 방식으로 자신이 원하는 높은 금액대의 것을 손에 넣었다.

돈은 에너지이기 때문에 다른 것으로 바꿀 수 있다. 현금에 얽매이지 말고 돈을 무엇으로 바꿀 수 있을지 생각해보자. 돈을 에너지로 바꿔서 상대가 기뻐할 일이나 바라는 것을 제공한다고 생각할 수 있다면, 물리적인 현금이 없어도 원하는 것을 손에 넣을 수 있다.

'돈이 없다고 아무것도 못 하는 사람은
돈이 있어도 아무것도 할 수 없는 사람이다.'
고바야시 이치조小林一三, 한큐 그룹 창업자

이것을 기억하면서 다음 질문을 스스로 던져보자.

- 돈을 들이지 않고 해외여행을 가려면 어떻게 해야 할까?
- 돈을 들이지 않고 집을 빌리려면 어떻게 해야 할까?

누구나 부자가 되는 4가지 단계

돈 사용법과 함께 하나 더 기억해야 할 것은 '부자가 되기 위한 4가지 단계'다. 이 단계를 올바르게 밟으면 누구나 부자가 될 수 있다.

부자 되는 단계 1 돈을 모은다.
부자 되는 단계 2 돈을 만든다.
부자 되는 단계 3 돈을 불린다.
부자 되는 단계 4 돈을 지킨다.

너무 당연한 일이라고 생각할 수도 있지만 많은 사람이 잊고 있는 중요한 일이다. 이제부터 하나씩 설명하겠다.

1단계 :
수입의 10퍼센트라도 매달 저축한다

첫 번째 단계인 '돈을 모으는 것'은 글자 그대로 저축을 말한다. 1백 년 동안 여러 사람에게 사랑받은 베스트셀러 조지 S. 클레이슨George Samuel Clason의 《바빌론 부자들의 돈 버는 지혜》에도 나오는 중요한 일이다. 이 책은 만화로 된 《만화로 보는 바빌론 부자들의 돈 버는 지혜》도 출간되어 있으니 한 번 읽어봐도 좋다.

이 책에도 나오지만 일단 수입의 10퍼센트를 저축하는 일부터 시작하자.

돈을 불리려고 해도 밑천이 없으면 불릴 수 없다. 그리고 밑천은 일해서 버는 수밖에 없다.

내 수입이 300만 원이라면 10퍼센트는 30만 원이고, 1년이면 360만 원이다. 나도 처음에 모은 돈이 300만 원뿐이었을 때, 이 책을 읽고 꼬박꼬박 저금할 수 있도록 새로운 계좌를 하나 더 개설해 돈이 들어오면 자동 이체했다. 보너스도 고스란히 저금했는데 그렇게 했더니 연간 2천만 원 정도 저축할 수 있었다.

두 번째는 '돈을 만드는 것'으로, 수입원을 늘리는 일이다. 월급쟁이라면 부업을 하고, 창업했다면 새로운 사업을 시작해 지금의 수입에 플러스알파가 되는 무언가를 시작하자.

나는 월급쟁이를 하면서 부업으로 세미나 사업을 시작했다. 내가 가진 자원이 무엇인지 파악하고 그 자원으로 만들 수 있는 콘텐츠를 발견해 150만 원짜리 강좌를 만들어 판매했다. 이

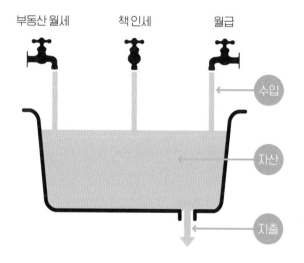

현금 흐름과 욕조의 법칙

부동산 월세　　책 인세　　월급

수입

자산

지출

런 식으로 '수입원 다섯 개 확보하기'를 목표로 삼기를 바란다.

물론, 처음부터 다섯 개의 수입원을 확보하기란 어렵겠지만 하나씩이라도 수입원을 늘려간다면, 설령 수입 하나가 끊겨도 다른 수입으로 생활하면서 돈을 불릴 수 있다. 나는 이것을 '욕조의 법칙'이라고 부르는데, 돈이 얼마나 들어오고 나갔는지 흐름을 의미하는 '현금 흐름Cash Flow' 개념이기도 하다. 욕조에 따뜻한 물을 받을 때 수도꼭지(수입), 욕조의 물(자산), 욕조 마개(지출)라고 한다면, 현금 흐름은 마개를 뽑은 욕조와 같다.

수도꼭지에서 들어오는 물이 많을수록 욕조에는 물이 찬다. 반대로 들어오는 물이 적으면 마개가 없는 욕조는 점점 물이 빠져나간다. 그런데 이때 수도꼭지가 다섯 개 있다면 어떻게 될까?

물을 받는 속도가 빨라져 받는 물이 빠져나가는 물보다 더 많아질 수 있다. 그래서 새로운 수입원을 만들어야 하는 것이다.

3단계 :
투자로 만든 돈을 불린다

저축과 수입원을 늘려 어느 정도 돈을 만들었다면 그것을 밑천으로 돈을 불리자. 이것이 바로 부자가 되는 세 번째 단계로, 앞에서 이야기한 투자의 개념이다. 나처럼 가치가 올라가는 아파트를 구매하는 방법도 좋지만, 그렇게 하려면 구매할 아파트의 가치가 올라갈지도 판단해야 한다.

돈에는 '자산'과 함께 '부채'라는 개념도 있다. 유명한 베스트셀러 《부자 아빠 가난한 아빠》의 저자 로버트 기요사키Robert Kiyosaki도 말한 내용이다. 투자할 목적으로 샀다고 해도, 매달 돈이 나가고 이익이 남지 않으면 부채다. 주택담보대출로 아파트를 사고 그 아파트에서 생활한다면 매달 대출금을 갚아야 해서 부채가 된다. 그보다는 아파트 등 부동산을 사서 그것을 빌려주고 임대 수입을 얻는 편이 좋다. 대출을 받더라도 세입자에게 받은 월세로 대출금을 갚을 수 있어 당신은 돈을 쓰지 않아도 된다.

아파트가 아니라도 작은 빌딩의 한 층을 사서 사무실로 임대하는 방법도 좋다. 기업은 한 번 들어오면 오랜 기간 임대하기 때문에 공간이 빌 위험도 적다. 이런 방식으로 매달 돈이 들어오면 내 자산이 된다.

또 다른 방법으로 주식투자가 있다. 투자는 단기간이 아니라 10년, 20년 동안 장기간 자산운용을 한다는 생각으로 하는 게 좋다. 수익성이 좋은 종목을 사서 복리로 자산을 눈덩이처럼 점점 불리는 것이다.

만약 초보 투자자가 주식투자를 시작한다면 추천하고 싶은 상품은 '펀드'다. 펀드란, 간단하게 말해서 많은 투자자에게 돈을 모아 큰돈이 되면 그 돈을 사용해서 전문가가 투자 및 운용을 해주는 방법이다. 매달 10만 원 정도로도 시작할 수 있고 운용은 전문가에서 맡겨 자산을 불릴 수 있다.

반면에, 투자의 방법으로 추천하지 않는 것은 암호화폐나 FX마진, 선물거래, 바이너리 옵션 등 투기 성격이 강한 것이다. 이런 투자 수단은 단기 거래로 갑자기 돈을 벌 수는 있지만, 가격 변동이 심해 오히려 자산을 크게 잃을 수도 있다. 실제로 지인 중에 FX마진으로 11억 원을 하루아침에 날린 사람도 있다.

투자할 때는 '남는 돈으로 한다'라는 원칙을 기억하라.

구체적으로는 그 돈이 없어도 생활에 지장이 없는 금액을 말한다. 수입이 300만 원이라고 하면 5만 원에서 20만 원 정도까지가 적당하다. 잃으면 충격은 받겠지만 죽지는 않는 금액이다.

수입은 사람에 따라 다르므로 남는 돈의 액수도 달라지겠지만, 그렇다고 해도 갑자기 전 재산으로 투자하는 일은 절대로 해서는 안 된다. 지인 중에는 20년 동안 저금한 전 재산을 투자해 모두 잃은 사람도 있다. 이런 비극을 겪지 않기를 바란다.

4단계 : '돈의 파킨슨병'에 걸리지 말자

마지막 단계는 '돈을 지키는 것'이다.

돈의 세계에는 무서운 병이 있는데, 나는 이 병을 '돈의 파킨슨병'이라고 부른다. 의학계에도 같은 이름의 고치기 어려운 병이 있지만, 그것과 다른 '돈의 병'이다. 병 이름은 '파킨슨의 법칙Parkinson's law'에서 가져왔다. 영국의 역사학자이자 경영 연구가인 시릴 노스코트 파킨슨Cyril Northcote Parkinson이 그의 책 《파킨슨의 법칙》에서 주장한 법칙이다.

그 법칙 가운데 제2 법칙은 다음과 같다. '지출 금액은 소득 금액과 일치할 때까지 늘어난다.' 수입이 커지면 쓰는 돈도 커진다는 뜻으로, 돈이 있으면 있는 만큼 써버린다는 말이다.

미국에서 가장 많은 부를 모은 존 록펠러John Rockefeller는 '부는 절약에서 탄생한다'라는 말을 굳게 믿고 회사의 경비는 물론 가족에게도 낭비하지 못하게 했으며, 평생 근검절약하며 살았다. 5센트를 허투루 쓰려는 비서에게 "1달러의 연이율이 5센트일세"라면서 엄격하게 꾸짖었다고 한다.

부자는 항상 의식해서 돈을 지키려고 한다는 말이다. 당신도 그것을 의식해서 소득이 늘어나도 돈을 지키려고 노력하자.

부자가 되기 위해 내가 처음으로 했던 것은 수입이 들어오면 10퍼센트를 다른 계좌로 자동이체하거나, 절대로 열 수 없는 저금통에 돈을 저금해서 힘들게 번 돈을 낭비하지 않도록 주의하는 것이었다. 그러면 자산은 자연히 늘어난다. 돈을 쓴다면 낭비나 소비가 아니라 투자에 사용해야 한다는 점을 마음에 새기고, 돈을 쓰더라도 다시 불어날 수 있도록 하자.

'절대로 열 수 없는 저금통'의 예시로는 개인형퇴직연금 제도가 있다. 매달 일정 금액을 설정해 자산운용을 할 수 있는 제도로, 규정에 따른 부득이한 사정이 있는 경우를 제외하고는 55세가 될 때까지 돈을 인출할 수 없다. 그러니 자산을 불리면서 자산을 지키는 방법 가운데 하나라고 할 수 있다.

'재산을 성실하게 관리하라.
신이 잠시 맡겨 놓은 것이니 낭비하지 않는 게 도리다.'

존 록펠러, 석유 사업으로 많은 재산을 모은 미국 최대의 자산가

행동의 법칙
Key point

- 돈에게 사랑받으려면 돈에 흥미를 갖고, 돈에 대해 배우고, 돈을 사랑해야 한다.
- 돈 버는 방법보다 돈 쓰는 방법이 중요하다.
- 가장 위험이 적고 크게 돌아오는 투자는 '자기 투자'다!
- 낭비하지 말고, 자산 가치가 높아지는 것에 투자하면 자산이 늘어난다.

돈 에너지를 끌어당기는 쪽으로 생각하라. 의식의 주파수를 맞추면 현실이 바뀐다.

당장 해보기	과제 ❶ 소득의 10퍼센트를 저축하자! 과제 ❷ 매달 소비와 낭비를 확인하고 줄이자! 과제 ❸ 투자 공부를 시작하자!

❷ 매달의 '소비'와 이달의 '낭비'를 적어보자.

법칙 5

돈 그릇의 법칙

"돈 그릇을 넓히면
풍요의 에너지가 들어온다"

'돈은 쓰지 않으면 들어오지 않는다.'

이 문구는 돈을 다루는 자기계발서에서 자주 등장하는 말이다. 나는 이 생각이 틀리지 않았다고 생각하는데, 그 이유는 '에너지 보존 법칙'이 작용한다고 믿기 때문이다. 에너지 보존 법칙이란 '독립된 에너지의 총량은 아무리 형태가 바뀌어도 항상 변하지 않고 일정하다'라는 물리학에서 말하는 보존 법칙이다.

인간이 무언가를 먹을 때, 먹기 전에 몸 안에 있는 독소를 빼지 않으면 새로운 것을 받아들이지 못한다. 독소를 몸 밖으로 내보내지 않고 먹기만 하면 우리 몸은 큰 병이 난다. 혹은 방 안에 있는 낡은 소파를 새것으로 바꾸려면 낡은 소파를 버리지 않고서는 새로운 소파를 들여놓을 수 없다.

돈도 마찬가지다. 돈을 써야 돈이 들어온다.

우리에게는 각자의 '돈 그릇'이 있다

하지만 이렇게만 생각하면, 에너지가 일정하게 유지돼서 새로운 돈이 들어와도 돈 에너지의 총량은 변하지 않는다.

우리는 각자 '돈 그릇'을 가지고 있다. 이 그릇 안에 담을 수 있는 돈 에너지의 총량이 일정하다면, 그릇 자체를 크게 넓혀야 돈을 불릴 수 있다.

예를 들어, 3평짜리 방에 싱글 침대가 놓여 있고 이 침대를 세미더블 침대로 바꾸고 싶다고 해보자. 이사하지 않고 침대만 바꾼다면 커진 침대를 놓기 위해 다른 가구를 버리든지, 다른 공간을 줄여야 한다. 반대로 지금까지의 생활 스타일을 유지하면서 세미더블 침대를 놓으려면 이사해서 방의 크기를 바꿀 수밖에 없다. 그래서 당신의 돈 그릇 역시 반드시 넓혀야 한다.

돈 그릇을 넓히려면 '돈의 역치'를 높여라

나는 돈 그릇을 넓히는 것을 '돈의 역치를 높인다'라고 표현한다. '역치'란 생물학이나 물리학에서 사용하는 용어로, 어떤 대상에게 반응하는 가장 작은 값을 말한다. 그다음은 대상에게 특정 반응이나 변화가 일어나는 수준의 수치, 경계가 되는 수치를 뜻한다.

　돈 그릇을 넓힐 때는 '상한 역치'는 높이고 '하한 역치'는 낮춰야 한다.
　상한 역치란 '한 번에 낼 수 있는 돈은 어느 정도인가'이다. 에너지 보존 법칙으로 생각하면, 내가 값을 치르거나 낸 적이 없는 돈이 한꺼번에 들어오는 일은 없다. 돈을 쓰는 행위는 돈이라는 에너지를 내보내는 행위이므로, 쓸 수 있는 금액에 따라 그 정도의 그릇을 가지고 있다고 할 수 있다. 예컨대, 지금까지 최대 1천만 원을 낸 적이 있는 사람이라면 그 돈을 2천만 원, 3천만 원으로 올리면 상한 역치는 올라간다. 상한 역치가 올라가면 그만큼 돈 그릇이 넓어져서, 비즈니스에서 무언가를 판매하는 등의 방법으로 같은 수준의 금액이 들어온다.

　하한 역치는 '어느 정도까지 돈을 절약할 수 있는가'이다. 돈을 절약하려면 돈을 쓰지 않아야 한다. 하한 역치를 낮추려면 최소한 얼마 정도가 있으면 살아갈 수 있는지 알고, 생활 레벨을 떨어트려 한계를 낮추면 된다. 이것은 돈을 지키는 일과도 연결된다.

일이 잘 풀려서 소득이 높아지면 누구나 생활 수준을 높이고 싶어 한다. 하지만 비즈니스를 하다 보면 잘될 때도 있고 그렇지 않을 때도 있다. 그럴 때 경비나 월세 등 생활비를 줄이지 않으면 돈이 점점 줄어들어 힘들어진다. 하한 역치를 낮추는 훈련을 해두면 '나는 최소 이 정도 돈만 있으면 살아갈 수 있다'라는 점을 미리 알 수 있어, 설령 돈이 없어지는 상황에서도 정신적으로 안정된 상태를 유지할 수 있다. 돈을 벌 때도 어느 정도를 벌어야 할지 가늠할 수 있어 계획을 쉽게 세울 수 있다.

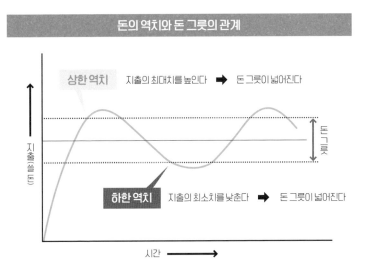

돈의 역치와 돈 그릇의 관계

검소한 생활을 할 수 있는 사람은 어려움이 닥쳐도 꿋꿋하게 살아남는 힘을 가지게 된다는 점을 기억하자.

반대로, 하한 역치를 낮추지 않으면 현재 생활 수준을 유지하기 위해 '이만큼 벌어야 해'라며 마음이 불안해진다. 벌어야 하는 금액을 확보하기 위해 지독하게 일해서 몸을 혹사하거나, 사람을 속이는 일을 해서 신뢰와 인맥을 모두 잃는다. 정신적으로도 병이 생겨 최악의 경우 극단적인 선택을 하는 상황까지 벌어진다. 이렇게 되지 않기 위해서라도 하한 역치를 낮추자.

돈의 역치를 높이는 방법 2가지

돈을 쓸 때 :
긍정적인 감정 내보내기

상한 역치를 높이기 위해 돈을 쓰거나, 하한 역치를 낮추기 위해 돈을 쓰지 않는 경우에도 돈을 쓰는 행위는 반드시 일어난다. 100원도 쓰지 않고 살 수 있는 사람은 없다. 그러니 '돈을 쓸 때'의 포인트를 기억하자.

바로 기분 좋게 돈을 쓰는 것이다.

현재 돈이 없다고 생각하는 사람은 대부분 돈을 쓸 때 '지갑에서 돈이 나가버렸다'라고 생각하는 경향이 있다. 상한 역치를 높이거나 하한 역치를 낮추는 경우도 마찬가지다. 마지못해, 아까워하면서 돈을 쓰면 돈이 정말로 당신을 떠나버려서 돌아오기까지 오랜 시간이 걸린다.

돈을 쓸 때는 그런 감정이 아니라 '잘 다녀와!'라는 긍정적인 마음으로 배웅하자. 돈이라는 에너지가 전체를 순환하고, 자기에게 돌아온다는 이미지를 떠올리며 기분 좋게 쓰도록 하자.

예를 들어, 큰마음 먹고 비싼 물건을 산다면 '이걸로 상한 역치가 높아졌어'라며 설레는 마음을 갖자. 절약하기 위해서 쓰는 돈을 줄일 때는 '이걸로 하한 역치가 낮아졌군'이라고 이해하자. 누군가의 선물을 살 때도 선물을 받는 사람뿐만 아니라 선물하는 나도, 선물을 산 가게도, 모두가 행복해진다는 마음으로 즐거워하자.

이처럼 긍정적인 감정으로 돈을 쓰고 배웅하면, 돈 에너지는 좀 더 큰 것이 되어 당신에게 돌아온다. 돈이 돌아왔을 때는 꼭 '어서 와!'라고 말해주자. 분명 돈 에너지가 순환하는 것을 느낄 수 있을 것이다.

돈을 쓰지 않을 때 : 기간 정하기

'돈을 쓰지 않을 때'의 포인트도 있다. 바로 기간을 정하는 것이다. 돈을 쓰지 않고 근검절약하는 생활의 목적은 어디까지나 하한 역치를 낮춰 자신의 한계를 알기 위함이다.

절약하는 생활은 목적이 아니다. 예를 들면, 한 달 정도 절약하는 기간을 정하자. 당신이 월세가 100만 원인 집에 살고 있다면 갑자기 50만 원인 집으로 이사할 필요는 없다. 이사를 해도 그만큼 이사 비용이 들어서 오히려 적자다.

집세나 전기세 등 생활에 필요한 고정비용은 건강도 고려해서 그대로 두되, 낭비를 줄이는 것이다. 사용하지 않는 방의 불을 끄고 습관적으로 그냥 틀어둔 TV를 끈다. 이렇게만 해도 에어컨이나 냉장고 전원 등 살아가는 데 필요한 전기만 써서 전기세를 아낄 수 있다.

이 밖에도 여러 가지 방법이 있다.

- 최근 외식을 자주 했다면, 집에서 직접 요리를 해서 식사를 해결한다.
- 점심 식사를 도시락으로 바꾸거나, 밥은 싸서 가져가고 반

찬만 산다.

- 식당에서 음식을 하나 덜 주문한다.
- 술자리 횟수를 줄인다.
- 집에서 마시는 술의 양을 줄인다(가능하면 끊는다).
- 담배 개수를 줄인다(가능하면 끊는다).
- 물통을 들고 다니면서 밖에서 커피나 주스를 사서 마시는 횟수를 줄인다.
- 이용하지 않는 각종 구독을 해지한다.
- 자잘하고 쓸데없는 소비를 줄인다.

참고로 나는 전처와 살 때 한 달 용돈이 20만 원이었다. 덕분에 나의 하한 역치는 꽤 낮출 수 있었다(웃음). 그리고 현재 아내는 결혼 전에 월세 35만 원짜리 원룸에 살면서 3만 원이 넘는 옷은 사지 않는 등 원칙을 정하고 검소하게 생활했다. 이렇게 절약하는 대신 월급을 주식투자나 부동산 투자에 썼다.

세계 제일의 투자가로 손꼽히는 워런 버핏은 2022년도에 자산이 약 130조나 된다고 알려졌는데, 1957년에 약 3만 달러(약 4천만 원)에 구매한 집에 지금도 살고 있다고 한다. 자산이 130조나 있으면 좀 더 호화롭게 살 것 같지만, 사실 부자나 자산가일수록 검소한 생활을 하는 사람이 많다.

사람에 따라 상황은 다르겠지만 생명을 갉아먹는 절약이 아니라, 자기 주변을 다시 확인하고, 낭비를 줄이고, 하한 역치가 얼마인지를 확인하자.

돈 그릇의 법칙
Key point

- 에너지 보존 법칙에 따라, 돈은 쓰면 들어온다.
- 돈 그릇을 넓히려면 상한 역치를 높이고 하한 역치는 낮춘다.
- 기쁨의 에너지로 돈을 쓰면, 돈도 기뻐하며 돌아온다.

돈 에너지를 끌어당기는 쪽으로 생각하라. 의식의 주파수를 맞추면 현실이 바뀐다.

당장 해보기	과제 ❶ 가끔은 큰 금액을 쓰는 쇼핑으로 상한 역치를 높이고 돈 그릇을 넓히자! 과제 ❷ 검소한 생활에서도 만족할 수 있도록 하한 역치를 낮추자! 과제 ❸ 돈을 쓸 때는 기쁨의 에너지가 순환하는 상상을 해보자!

❶ 이달 산 것 중 가장 비싼 것은 무엇인지 적어보자(금액도 같이).

----

❷ 지출 중 줄일 수 있는 것은 무엇인지 적어보자.

자원의
법칙

"나의 자원을 정리해야
귀중한 가치를 발견할 수 있다"

법칙 4에서 이야기한 '돈을 만든다'에 관해 좀 더 자세히 알아보자.

부업을 하든(창업에 따른 부업 포함), 월급쟁이를 탈출해서 창업하든, 독립해서 개업하든, 지금의 수입에 플러스알파가 되는 새로운 수입원을 만들 때 주목해야 할 점은 바로 당신 자신의 '가치'다. 여기서 말하는 가치란 당신이 가진 유일함이다.

다른 사람이 흉내 내고 싶어도 할 수 없는 당신만의 매우 귀중한 가치가 반드시 있다. 나를 예로 들면, 양자역학 코치라는 점이 다른 누구도 흉내 낼 수 없는 귀중한 가치라고 할 수 있다.

많은 사람이 '자신에겐 가치가 없다'라고 믿는다. 하지만 틀렸다!

단지 자기 자신을 잘 조사해보지 않고 지금까지 살아온 인생 경험에 비추어 멋대로 그렇게 믿을 뿐이다.

나만의 무기를 발견하라

우리가 사는 지구상의 인구는 약 80억 명(2023년 기준)이다. 그 중에서 당신과 완전히 같은 경험을 한 사람은 몇 명일까? 당연하게도 당신 한 사람밖에 없다. 즉, 당신은 이 지구상에서 80억 분의 1의 존재이며, 세상에 오직 하나뿐인 존재다.

우주는 퍼즐과 같다. 우주에 존재하는 모든 것은 천문학적인 크기의 퍼즐을 완성하기 위한 한 조각이다. 하나라도 없으면 완성되지 않으며, 당신도 한 조각으로서 어떤 역할을 해야 한다. 그 역할을 당신이 가진 가치로 할 수 있다. 단, 가치는 발견하지 않으면 당신 것이 되지 않는다.

이 순간, 당신의 가치는 사실 파동 상태로 존재하지만, 누구에게도 관측되지 않은 상태다.

그렇다면 당신이 돈을 만들기 위해 해야 할 일은 자신이 가진 돈 이외의 자원을 정리해서 자신만의 가치를 발견하는 것, 다시 말해서 '파동 상태의 가치를 관측해서 입자 상태로 만드는 것'이다. 이제부터 당신이 이 책에서 소개한 과제를 통해 자신의 가치를 깨닫길 바란다.

미국의 전설적인 광고 카피라이터 제임스 웹 영James Webb Young은 이렇게 말했다.

"아이디어란 기존 요소의 새로운 조합에 불과하다."

이 말처럼, 자기 자원을 파악하고 이미 존재하는 자원을 조합해 오직 하나뿐인 나만의 가치를 만들어내자.

내 가치를 직접 적어보면 당신의 인생을 정리할 수 있고 눈에 보이지 않는 것을 가시화할 수 있다. 나아가서 95퍼센트의 파동성의 세계를 깨닫게 되고, 지금 나에게 있는 풍요를 깨닫거나 불안이 해소되기도 한다.

당신 안에는 이미 8가지 자원이 잠들어 있다

다음을 따라 해 나의 8가지 자원을 발견해보자.

큰 모조지나 공책 1권, A4용지 몇 장 등 자기가 쓰기 편한 종이와 펜을 준비한다(아무 펜이나 상관없다). 그다음 종이에 8가지 자원인 정보, 지식, 경험, 지혜, 능력(기술), 인맥, 물건, 자산을 적는다.

종이를 8등분하거나, 페이지마다 ①부터 ⑧까지 번호를 써서 8가지 자원의 내용을 적는다. 순서는 같지 않아도 되지만 정보와 지식, 경험과 지혜, 물건과 자산은 각각 연결되어 있으니, 페이지를 펼쳤을 때 한눈에 파악할 수 있도록 적는 게 좋다.

정보

현재 당신이 가진 모든 정보다.

'지리산의 높이는 1,915미터'라는 데이터부터 '물벼룩의 눈은 하나밖에 없다'라는 잡지식까지 어떤 정보도 괜찮다. 막대한 양이 되겠지만 어쨌든 생각나는 대로 정보를 적어보자. '이제 더는 없어'라는 생각이 들 때까지 적고 나면 다음으로 넘어간다.

지식

당신이 가진 정보 중에 도움이 되는 것이다.

'집 주변에 맛있는 라면 가게가 있다'라는 것은 단순한 정보지만, 그 정보를 다른 사람에게 알려주면 도움이 되는 지식으로 바뀐다. 호혜의 법칙 Law of reciprocity, 자이언스 효과 Zajonc effect 등 비즈니스 노하우도 지식에 들어간다. '명함을 교환하면 다음 날까지 감사 메일을 보낸다'처럼 당연하게 여겨지는 것도 지식에 포함된다. 종이에 쓴 정보 중에 타인에게 도움이 되는 것은 지식으로 옮겨도 괜찮다.

경험

당신이 지금까지 해온 경험을 적는다. 경험에는 성공 경험과 실패 경험이 있는데, 모두 적자.

성공 경험은 누군가의 감정을 움직여 '나도 할 수 있을 거야'라는 생각이 들게 만들고, 실패 경험은 대비할 수 있게 만들어 실패를 방지하기 위한 이야기로도 활용할 수 있다.

경험을 적을 때는 당시의 감정이 되살아나 기분이 고양되거나 반대로 창피하거나, 슬프거나, 화가 날 수 있지만 그렇게 마음이 움직이는 경험은 많은 사람에게 꿈과 희망을 준다. 과거의 경험을 되돌아보면서 '무엇을 위해 태어났는가'를 깨달을 수도 있다.

지혜

지금까지의 경험에서 얻은 지식이다.

예를 들어, 결혼 생활을 후회한 적이 있는 사람이라면 '결혼 상대를 고를 때는 신중히 한다', 동업자와 맞지 않았던 사람이라면 '무엇을 할지보다 누구와 할지가 중요하다', 팀에서 프로

젝트를 성공시킨 적이 있는 사람이라면 '인재의 성향을 파악해 적재적소에 배치한다' 등이다. 책에서 얻은 지식이 아니라 실제 경험에서 얻은 삶의 지혜는 많은 사람이 돈을 주고라도 얻고 싶어 하는 것이다.

능력(기술)

오랜 시간 동안 쌓은 능력이나 기술을 말한다.

프레젠테이션 기술, 문장을 만드는 기술, 영어로 말하는 기술, 악기 연주, 만화 그리기, 달리기 등이 모두 여기에 해당한다. 되도록 1만 시간 이상 들여서 쌓은 능력과 기술을 적는다. 취득한 자격증도 적자.

오랫동안 일한 사람이라면 전문 분야가 있을 것이다. 혹은 어린 시절부터 푹 빠져 특기가 된 무언가가 있을지도 모른다. 능력이나 기술 자원은 당신이 당연하다고 생각하는 것 중에 있을 가능성이 크다.

인맥

사람들과의 연결과 관련된 자원이다.

친구나 회사 동료, 신세를 진 사람, 동네에서 알게 된 사람, 다른 업종의 인맥 등 분명 유대관계를 맺은 사람이 있을 것이다.

'작은 세상 네트워크Small world network'라는 이론이 있다. '아는 사람을 몇 단계만 거치면 전 세계 사람 중 누구라도 연결된다'라는 이론으로, 그만큼 이 세상이 좁다는 뜻이다. 혼자 힘으로 할 수 있는 일에는 한계가 있다. 당신의 가치를 누군가와 합치면 좀 더 큰일을 이룰 수 있으니, 작은 연결고리라도 찾아보자.

물건

당신이 실제로 소유한 물건이다.

일상에서 쓰는 노트북, 스마트폰, 책, 음악 CD, TV 등 가전제품, 옷 등 패션 관련 용품, 액세서리, 집이나 자동차 등 목록을 적어보자. 그런 물건들을 돈으로 바꿀 수도 있다.

자산

소유물 중에서도 가치가 오르는 것이다.

부동산, 롤렉스 같은 고급 시계, 골동품 동전, 도요타의 랜드크루저 같은 자동차(신차보다 중고차 가격이 높다) 등은 일시적일 수도 있지만, 어쨌든 가격이 올라간다. 그리고 당신이 대수롭지 않게 사용하는 물건이라도 당신의 가치가 높아지면 물건의 가치가 올라가기도 한다. 2020년 영국 옥션에서는 간디가 착용했던 안경이 26만 파운드(약 4억 원)에 낙찰되기도 했다.

처음부터 가치가 올라갈 거라고 예상한 자산도 있지만, 아무 것도 아닌 물건의 가치가 당신의 능력이 올라가면서 같이 올라가거나 자산이 되기도 한다.

◆ ◆ ◆

8가지로 정리한 자원은 여러분에게 '지금 내가 가진 풍요'를 깨닫게 돕지만, 나아가서 자원으로 돈을 얻기 위해서는 서로 조합해야 한다.

종이에 적은 자원 가운데 3가지를 골라 '조합 놀이'를 해보자. '조합 놀이'는 교류 전기를 발명한 천재 발명가 니콜라 테슬라Nikola Tesla가 아이디어를 떠올리기 위해 했던 것으로, 지금까지 쌓은 지식이나 기억, 아이디어 등을 조합해 완전히 새로운 무언가를 만들어내는 방법이다.

당신이 어떤 자원을 적었는지는 모르지만 나를 예로 들면, '성공철학', '코칭', '양자역학'이라는 자원을 골랐다. 각각 떼어놓고 보면 세상에는 성공철학을 전하는 사람이나 책이 산더미처럼 있고, 코치 또한 몇만 명이나 있으며, 양자역학도 나보다 훨씬 전문가거나 권위자가 얼마든지 있다. 하지만 이 3가지 자원을 조합한 사람, 즉 '성공철학 x 코칭 x 양자역학'을 이해

중성자와 양성자

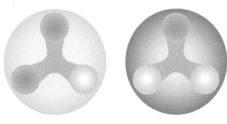

세 개의 소용돌이 모양

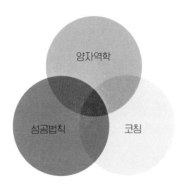

양자역학

성공법칙

코칭

하기 쉽게 알려주는 사람은 지구상에 나 하나뿐이었다. 그렇게 탄생한 것이 '양자역학 코칭'이다. 이렇게 3가지 자원을 조합해 이름을 붙여서 희소성이 생겼고, 누구도 하지 않는 창의적인 콘텐츠를 만들 수 있었다. 이처럼 3가지 자원을 조합하면 자신만의 가치를 발견하기 쉬울 것이다.

'3'은 신기한 숫자다. 예컨대 빛의 삼원색은 '빨강, 파랑, 초록', 색의 삼원색은 '빨강, 파랑, 노랑', 불교에서는 '신(몸), 구(입), 의(뜻)', 기독교에서는 '아버지와 아들, 성령' 등 3가지 요소로 성립되는 것이 많다. 일본 신사에서는 소용돌이 모양이 3개 있는 무늬도 종종 볼 수 있다. 그 밖에도 '삼국지', '삼총사', '아기 돼지 삼형제' 등 문학 작품 중에서도 3이 붙은 제목이 많다(웃음). 중성자도 양성자도 3가지 쿼크로 이루어져 있다. 당신도 3가지 자원을 조합해서 독자적인 가치를 발견해보자!

8가지 자원을 나만의 가치로 만드는 법

8가지 자원과 가치를 더 빛나게 하는 방법이 한 가지 더 있다. 바로 8가지 자원을 밖으로 보여주는 것이다. 종이에 적은 8가지 자원이 당신에게는 별로 가치가 없어 보일지도 모른다. 하지만 다른 사람에게는 매우 가치 있는 자원일 수도 있다.

예전에 강좌에서 8가지 자원을 적어보라고 했을 때, 내 강좌를 들었던 수강생 중에 "저한테는 아무것도 없어요"라고 했던 여성이 있었다.

그런데 그 사람은 시중에 파는 카레 가루를 쓰지 않고 향신료만 써서 몸에 좋은 카레를 만들 줄 알았다. 그래서 나는 스무 명 정도 되는 수강생들에게 "화학조미료를 사용하지 않고 향신료로 건강한 카레를 만들 수 있는 사람 있나요?"라고 물었다. 그러자 그 여성 외에는 누구도 손을 들지 않았다. 그래서 나는 모임을 제안해서 그 여성이 만든 카레를 먹기로 했다. 한 사람당 3만 원씩 참가비를 걷어 파티를 열고 그가 만든 카레로 함께 식사를 했다.

그 사람에게는 향신료로 카레를 만드는 것은 누구나 할 수 있는 당연한 일이었지만, 실제로는 3만 원이라는 돈을 받을 수 있는 가치 있는 일이었다.

이런 예는 수도 없이 많다. 그중에서도 치킨 브랜드 KFC의 창업자, 할랜드 데이비드 샌더스Harland David Sanders의 이야기가 유명하다. 그는 40세에 켄터키주 코빈에 주유소를 차렸다. 그

때 어떤 손님의 말을 듣고 주유소 한구석에 '샌더스 카페'라는 작은 식당을 열었다.

그 샌더스 카페의 주력 메뉴가 프라이드치킨이었다. 그런데 근처에 고속도로가 생기고, 바로 식당 앞의 도로에 차가 다니지 않게 되자 경영난으로 어려움이 이어져 65세 때 도산했다. 그래서 샌더스는 각 지역의 식당에 프라이드치킨 만드는 방법을 알려주고, 한 마리씩 팔릴 때마다 5센트의 인센티브를 받는 비즈니스 모델을 생각해냈다. 70대 때는 미국 전역을 돌며 프라이드치킨의 프랜차이즈 계약을 위해 영업을 뛰었다.

그 이후로 우리는 맛있는 프라이드치킨을 먹을 수 있게 되었고, 샌더스의 얼굴은 세계적으로 모르는 사람이 없을 정도가 되었다. 현재 KFC는 전 세계 142개국에 2만 5천 점포 이상이 있을 정도로 유명해졌다.

당신이 가진 자원이나 당신의 가치를 좀 더 넓은 바깥세상에 드러내면, 가치를 느낀 사람들이 그것에 공명해 즐거워하고 돈을 지불한다.

예전과 비교하면 지금은 내가 가진 가치를 세상에 보여줄 방법이 많다. 예를 들어, 요리를 잘했던 수강생이 레시피를 유튜브에 공개해 그 레시피가 유명해진다면 몇백만 원, 몇천만 원이라는 광고 수입이 들어올지도 모른다. 혹은 창업해서 요리 교실을 열면 수입원을 늘릴 수 있다.

당신이 지금 읽는 이 책도 '내가 지금까지 배운 지식'과 '경험으로 얻은 지혜', 그리고 '이전에 쓴 책이 팔려서 들어온 인세'라는 3가지 자원을 조합한 결과다. 내가 책을 낸 이유는 양자역학 코칭을 하다 보니 출판사에서 출간 제안이 들어와서인데, 양자역학 코칭 역시 내가 가진 자원을 조합해 탄생했고 계속해서 갈고닦은 것이다.

'인생은 스스로 만드는 것. 너무 늦은 때란 없다.'

할랜드 데이비드 샌더스, KFC 창업자

내가 가진 자원에 이름을 붙여라

처음에는 내 나름대로 이름 붙인 독창적인 콘텐츠를 잘 모르고 상대에게 정확하게 설명할 수 없어도 괜찮다. 우선 자원을 조합해서 새로운 무언가를 만드는 일이 중요하다.

지금이니까 털어놓을 수 있지만, 나도 10년 전쯤에 양자역학 코칭을 처음 만들었을 때는 그것이 어떤 콘텐츠인지, 좀 더 구체적으로는 일반적인 코칭과 무엇이 다른지에 대해 제대로 설명하지 못했다. 단지 '이거야!'라며 확 와닿는 느낌과 두근거림은 기억한다. 참고로 양자역학 코칭과 다른 코칭은 눈에 보이는 표면의식에 접근하는지, 눈에 보이지 않는 잠재의식에 접근하는지가 달랐다.

코칭은 상대방의 이야기를 듣고, 이상적인 목표를 설정하고, 그 목표를 위해 필요한 행동을 명확히 해서 상대방이 실천할 수 있도록 이끄는 것이다. 보통 '1년 후에는 어떻게 되고 싶은가?', '그것을 이루기 위해서는 무엇을 해야 할까?'라는 눈에 보이는 목표를 설정한다. 표면의식은 베타파$^\beta$의 주파수로, 각성했을 때의 의식과 연관이 있다. 예를 들면, 무언가를 궁리하거나 생각할 때 뇌파는 베타파가 된다.

한편, 양자역학 코칭에서는 잠재의식에 접근한다. 뇌파가 알파파$^\alpha$나 세타파$^\theta$일 때는 잠재의식의 영역이다. 클래식 음악을 듣거나 욕조에 몸을 담그고 휴식을 취할 때는 뇌파가 알파파가 된다. 깊은 명상을 하는 상태가 되면 뇌파는 세타파가 된다.

양자역학 코칭에서는 언어를 통해 뇌파를 알파파나 세타파로 바꿔서 편안한 상태로 만든 다음, '가장 이상적인 세계'나 '인생의 마지막 순간' 등 아직 눈에 보이지 않는 세계로 유도해서 이야기를 듣는다. 그러면 표면의식에서는 생각지도 못한 아이디어나 대답이 나온다.

예전에 어떤 요식업 경영자에게 양자역학 코칭을 했을 때의 일이다. 그 경영자는 말쑥하게 정장을 차려입었는데 말버릇은 항상 "뭘 해도 잘되지 않는다"였다. "지금까지 몇 번이나 '뭘 해도 잘되지 않아'라고 했나요?"라고 물었더니, 그는 "10만 번은 말했겠지요"라고 대답했다. 그만큼이나 말했으니 무엇을 해도 잘되지 않는 현실을 끌어당겼을 것이다.

그에게 앞으로 그런 부정적인 말은 쓰지 말라고 하고, 양자역학 코칭으로 잠재의식 속에 있는 이상적인 미래에 접근했다. 그러자 극락을 연상시키는 미래가 보였다고 한다.

한 달 후에 다시 내 앞에 나타난 경영자는 완전히 달라져 있었다. 그전에는 부하를 고압적인 태도로 대했던 그가 '모든 것은 사랑'이라며 긍정적으로 말하고, 복장도 부드러운 분위기의 옷으로 바뀌었다. 경영도 상승세를 타서 고민이 완전히 사라진 것처럼 보였다.

내 이야기가 길어졌는데, 현재 당신에게 있는 자원을 깨닫고 그 자원을 조합해서 아무도 생각하지 못한 새로운 무언가를 발견하는 것이 중요하다. 지금은 그 새로운 무언가를 제대로 설명할 수 없어도 괜찮다. 그렇다고 해도 새로운 무언가를 만들어서 돈으로 바꾸기 위한 새로운 콘텐츠를 창조한 것이다.

'언뜻 보기에 우스워 보이지 않는 아이디어는 희망이 없다.'

알베르트 아인슈타인Albert Einstein, 천재 이론물리학자

자원의 법칙
Key point

- 내가 가진 자원을 정리하면 자신의 무한한 가치를 깨닫게 된다.
- 자원을 조합하면 자신만의 가치를 발견할 수 있다.
- 자신만의 가치를 갈고닦아 세상에 드러내면 나만의 독창적인 서비스를 만들 수 있다.

돈 에너지를 끌어당기는 쪽으로 생각하라. 의식의 주파수를 맞추면 현실이 바뀐다.

당장 해보기	과제 ❶ 법칙 6에서 소개한 방법을 따라 나의 8가지 자원 을 적었다면, 적은 내용을 다시 살펴보자. 과제 ❷ 종이에 적은 자원을 조합해서 자신만의 가치를 발 견하자!

❷ 8가지 자원을 조합해서 나만이 할 수 있는 일을 적어보자.

자기 혁명의
법칙

"자기 성향에 맞는 방법을 알면
자연스럽게 풍요로워진다"

8가지 자원을 정리하면서 해야 할 일이 하나 있다. 바로, 나의 성향을 파악하는 것이다.

세상에는 다양한 성공법칙이나 자기계발 방법이 있지만, 그 방법을 따라 한 모두가 성공하는 사람이 되는 것은 아니다. 노력이 부족하거나, 재능의 유무나, 환경의 격차 등 여러 가지 변명이 있겠지만 실은 그렇지 않다.

같은 성공법칙을 따라 했는데 왜 나는 성공하지 못할까?

나 역시 예전부터 똑같은 성공법칙을 공부하는데 어째서 같은 결과가 나오지 않는지에 대해 의문이 있었다.

그런데 공부를 하던 어느 날, 양자역학적 관점에서 봤을 때 사람에게는 고유의 주파수가 있어서 자신에게 맞지 않는 주파수의 성공법칙을 실천해도 효과가 없다는 사실을 깨달았다.

다이어트를 예로 들면 이해가 쉽다. 남자는 내장지방, 여자는 피하지방이 쌓이면 살이 찐다(어디까지나 경향이다). 내장지방과 피하지방을 빼는 다이어트 방법은 각각 다르다. 내장지방을 빼려면 워킹이나 조깅, 수영 등 유산소 운동과 식단 관리를 함께 해야 한다. 한편, 피하지방을 줄이려면 스쾃이나 플랭크, 웨이트트레이닝 등 근력 운동 계열의 무산소 운동과 식단 관리를 함께 해야 한다.

그리고 다이어트는 매년 새로운 방법이 나온다. 사과 다이어트, 바나나 다이어트, 당질 제한 다이어트, 간헐적 단식 다이어트 등 계속해서 새로운 다이어트 방법이 나오는 이유는 모든 사람에게 딱 맞는 다이어트법이 없기 때문이다.

똑같은 다이어트라도 목적에 따라 방법이 다르듯이,
성공법칙도 개개인의 주파수, 즉 성향에 맞는 것이 있다.

우주를 존재하게 하는 4가지 힘

구체적으로 어떤 성향이 있을까? 나는 우주에 존재하는 4가지 힘(전자기력, 강한 핵력, 중력, 약한 핵력)에서 힌트를 얻었다. 4가지 힘의 특성은 사람의 성격 유형과 굉장히 닮았다. 그래서 각각의 특성을 이해하고 자기 성격이 어디에 해당하는지 알면 당신이 어떤 방법으로 돈과 성공을 손에 넣을 수 있는지 알게 된다.

우주를 움직이는 4가지 힘의 성질

	전자기력	약한 핵력	강한 핵력	중력
힘의 크기(비율)	10^{36} 매우 강하다	10^{28} 강하다	10^{38} 매우 많이 강하다	1 매우 약하다
힘의 도달 거리(m)	∞ 제한 없이 도달한다	10^{-18} 원자핵의 1/1000	10^{-15} 원자핵 크기	∞ 제한 없이 도달한다
힘을 전달하는 입자	γ 광자	Z^0 W^- W^+ 위크보손 Weak boson	g 글루온 Gluon	G 중력자

4가지 힘은 강한 핵력 〉 전자기력 〉 약한 핵력 〉 중력 순서대로 강하다. 하지만 4가지 힘은 힘의 크기와 상관없이 각각의 역할에 따라 우주를 이루고 지구의 생물들이 살 수 있게 한다.

먼저 우주에 존재하는 4가지 힘에 대해 알아보자.

'전자기력'은 전하에 작용하는 전기력이나 자석의 N극, S극과 같은 자기력이다. 19세기에 영국의 물리학자 제임스 맥스웰이 분리돼 있던 전기력과 자기력을 하나의 방정식으로 정리해 통합했다. 전자기력은 인간이 TV나 스마트폰을 사용할 수있게 해주는 힘이라고 생각하면 쉽다. TV나 스마트폰에서 출발한 전자기파가 인간의 눈에 도달하고, 눈의 분자를 거치며변한 전기신호가 뇌에 전달되는 원리다. 우리가 일상에서 경험하는 중력 외의 힘은 모두 전자기력이다. 특히 원자핵과 전자를 결합해 원자를 만들거나, 원자끼리 연결해 분자를 만드는힘이다. 마찰력이나, 수직으로 서로 당기는 힘인 장력도 전자기력의 한 종류다.

'강한 핵력'은 원자핵이 산산조각 나는 것을 막아주는 힘이다. 원자핵 속에는 양성자와 중성자가 있는데, 양성자들 사이에 작용해 서로를 강하게 밀어내는 전자기력을 이기고 양성자를 원자핵 안에 있게 해 물질을 만든다. 이것을 가능하게 하는입자를 글루온이라고 한다. 영어로 글루Glue란 '풀'을 뜻하며풀처럼 단단하게 연결된다는 뜻이 있다.

'중력'은 서로 잡아당기고 지구가 태양 주위를 돌게 하며 인간이 땅에 디디고 다닐 수 있게 하는 등 우리에게 가장 친숙한 힘이다.

4가지 힘 중에서 가장 약한 힘이지만, 중력을 우리에게 전달하는 입자인 중력자(힘의 크기가 거리에 비례해 약해지는 미발견 입자)로 무한대까지 도달하기 때문에 거시세계를 지배하는 힘이기도 하다. 또한, 지구, 태양, 은하계 등 천체의 운행을 관리하며 거대한 우주의 구조를 만드는 역할을 한다.

'약한 핵력'은 방사성 붕괴에 영향을 미치는 힘이다. 우리가 느낄 수는 없지만, 핵을 이루는 물질 중 하나인 중성자가 양성자로 변하면서 전자, 중성미자(전기를 띠지 않고 질량이 거의 없는 미세 입자)를 방출시키는 베타 붕괴를 일으킨다. 약한 핵력은 도달 거리가 너무 짧아서 전자기력 등 다른 힘처럼 우주의 거대한 구조를 만들지는 못하지만, 물질의 기본 입자인 쿼크나 경입자에 작용해 다양한 입자를 다른 입자로 변화시키는 중요한 역할을 하는 힘이다.

4가지 힘 중에서 중력 다음으로 약하지만, 태양의 핵융합이나 초여름 따가운 햇볕을 만들어내는 생명 에너지의 근원이라고 할 수 있다.

돈 에너지를 끌어당기기 전에
나의 유형부터 알라

우주에 존재하는 이런 4가지 힘을 사람의 유형에 적용하면 어떻게 될까? 이것을 '인간의 4가지 유형 이론'이라고 한다. 4가지 힘에 빗대서 각각 '행동형(EM, 전자기력형)', '사고형(ST, 강한 핵력형)', '감각형(GR, 중력형)', '안정형(WK, 약한 핵력형)'이라고 이름 붙였다.

행동형(EM, Electronic Magnetic Force Type)

명확한 비전이 있으며, 목표가 있으면 행동으로 옮기는 유형

사고형(ST, Strong Force Type)

사물을 깊이 분석하고, 진리나 진실을 추구하는 유형

감각형(GR, Gravity Type)

친해지기 쉽고, 사람과 사람을 이어주거나 사이좋게 지내고 싶어 하는 유형

안정형(WK, Weak Force Type)

정이 깊고, 편안함과 안정감을 주는 유형

이러한 4가지 유형과 특징을 그림과 리스트로 한눈에 보기 쉽게 정리했다. 다음 페이지의 '4가지 유형별 성공 에너지 진단표'로 내가 어떤 유형의 사람인지 알아볼 수 있으니 잠시 책 읽기를 멈추고 기분전환도 할 겸 질문에 답해보자.

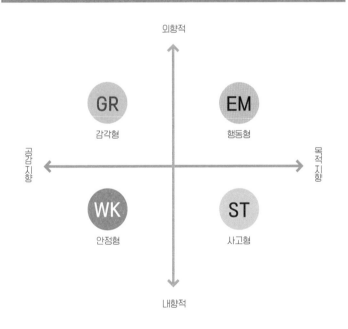

나에게 맞는 성공법칙을 알기 위한
4가지 유형별 성공 에너지 진단표

행동형(EM)

1	생각이 떠오르면 바로 행동한다.
2	열정적이고 에너지가 넘친다.
3	말하기 시작하면 멈추지 못한다.
4	겉모습으로 사람을 선택하는 경향이 있다.
5	모든 일은 결과가 전부라고 생각한다.
6	남에게 어떻게 보일지에 대해 신경 쓴다.
7	꿈과 목표, 비전이 있으면 의욕이 생긴다.
8	미래에 대한 비전을 열정적으로 이야기한다.
9	짜증을 내거나 화를 낼 때가 있다.
10	지금까지 기합과 근성으로 버텼다.
11	좋아하는 사람, 물건에 집착하는 편이다.
12	새로운 것에 도전하는 것을 좋아한다.
13	약간 거친 말투가 될 때가 있다.
14	사람들 앞에 서는 등 눈에 띄는 것을 좋아하는 편이다.
15	남을 따르기보다 스스로 행동하고, 리더십을 발휘한다.
16	원활한 인간관계보다 목표 달성이나 자아실현을 우선으로 생각한다.

총   (점)

* 가장 높은 점수가 나온 유형이 나의 유형이다. 다음을 따라 점수를 체크해서 가장 높은 점수가 나온 내 유형의 특징을 확인한 후 적용해보자.
* 매우 그렇다 : 5점 / 그렇다 : 4점 / 보통이다 : 3점 / 아니다 : 2점 / 전혀 아니다 : 1점

사고형(ST)

1	냉정하게 생각하고 행동한다.	
2	사물을 분석하거나 탐구하는 것을 좋아한다.	
3	사물을 논리적이고 꼼꼼하게 설명한다.	
4	겉모습보다 경력이나 프로필을 보고 사람을 선택한다.	
5	일할 때는 계획과 준비가 중요하다고 생각한다.	
6	사람들의 평가를 신경 쓴다.	
7	세상의 진실에 관해 탐구하는 것을 좋아한다.	
8	목적이 분명하면 의욕이 생긴다.	
9	세상의 진실이나 사실에 대해 열변을 토할 때가 있다.	
10	사람을 비판한 적이 있다.	
11	효율성을 우선으로 생각한다.	
12	냉정하고 온순하다는 소리를 듣는다.	
13	내 생각이나 가치관을 고집하는 경향이 있다.	
14	한 가지 일을 꾸준하게 할 수 있다.	
15	생각이나 감정을 표현하는 데 서툴다.	
16	친구들과 놀기보다는 혼자서 차분히 책 읽는 것을 좋아한다.	
	총	(점)

감각형(GR)

1	즐거운 일, 신나는 경험을 좋아한다.	
2	혼자 있는 것보다 동료와 함께 무언가 하는 것을 좋아한다.	
3	다 같이 어울려서 즐겁게 이야기하는 것을 좋아한다.	
4	겉모습이나 경력보다, 친화력이나 말솜씨로 사람을 선택한다.	
5	결과보다 과정과 경험이 중요하다고 생각한다.	
6	분위기를 부드럽게 만드는 것을 좋아한다.	
7	활기찬 사람, 밝은 사람을 좋아한다.	
8	사람들과 협력해서 팀으로 일하는 것을 좋아한다.	
9	세세한 부분은 별로 신경 쓰지 않는다.	
10	목표나 계획 세우는 것을 싫어한다.	
11	직장, 가정의 분위기를 좋게 만드는 것을 항상 생각하고 있다.	
12	감정 표현이 풍부한 편이다.	
13	경쟁이나 다툼보다는 평화적인 해결을 원한다.	
14	편한 것을 좋아한다.	
15	쉽게 게을러지는 편이다.	
16	어떤 일에 너무 열중한 나머지 중독될 위험이 있다.	

총 　　　(점)

안정형(WK)

1	감각, 직관에 따라 행동한다.	
2	사람들과 어울리기보다 혼자서 느긋하게 지내는 것을 좋아한다.	
3	천천히, 차분하게 말하는 경향이 있다.	
4	겉모습이나 경력보다, 분위기에 이끌리거나 편안한 사람을 선택한다.	
5	사람들에게 '같이 있으면 안심이 된다'라는 말을 들은 적이 있다.	
6	남을 돕거나 지원하는 일을 좋아한다.	
7	사람의 마음을 잘 이해하고 공감한다.	
8	상냥하고 온화한 성격이라는 말을 들은 적이 있다.	
9	외형이나 기능보다 촉감이나 느낌으로 상품, 서비스를 선택한다.	
10	불안과 걱정이 많은 편이다.	
11	남이 부탁한 일을 잘 거절하지 못한다.	
12	아늑한 공간이나 힐링할 수 있는 곳을 좋아한다.	
13	목표 설정이나 언어화를 잘하지 못한다.	
14	직관이 예리한 편이다.	
15	스스로 결정하지 못하고 남에게 의존하는 편이다.	
16	애정이 깊고 세심하다는 평가를 받는다.	
	총	(점)

행동형(EM)

☐ 겉모습이나 디자인에 반응한다.

☐ 효과나 결과를 중요하게 생각한다.

☐ 떠들기 시작하면 멈추지 않는다.

☐ 말이 빠르고, 이야기가 자꾸 옆으로 샌다.

☐ 세련된 옷을 고른다.

☐ 색이나 디자인을 중요하게 생각한다.

☐ 그림이나 그래프 등 시각적으로 표현한다.

☐ 이미지를 그리는 능력이 뛰어나다.

☐ 영상이나 사진으로 기억한다.

☐ 미래와 비전을 이야기한다.

☐ 행동력이 있다.

☐ 열정적이다.

☐ 목표 달성형

☐ 도전 정신이 있다.

☐ 선도자 타입

☐ 눈에 띄기 좋아한다.

(어울리는 직업)

리더, 경영자, 배우, 모델, 탤런트

(성향)

외향적 × 목적 지향(양 × 양)

사고형(ST)

☐ 목소리나 소리에 반응한다.

☐ 분석과 계획을 중요하게 생각한다.

☐ 차분하게 이야기한다.

☐ 논리적으로 설명한다.

☐ 시간, 장소, 상황에 맞는 옷을 선택한다.

☐ 기능성을 중요하게 생각한다.

☐ 언어를 통해 논리적으로 표현한다.

☐ 문장력이 높은 편이다.

☐ 문장이나 언어로 기억한다.

☐ 사실과 진리를 말한다.

☐ 사고력이 있다.

☐ 냉정하고 침착하다.

☐ 계획적이고 전략적이다.

☐ 탐구심이 있다.

☐ 신중하게 행동한다.

☐ 데이터 분석이나 논리를 좋아한다.

(어울리는 직업)

전략가, 연구자, 발명가, 평론가, 컨설턴트, 강사, 의사, 과학자, 변호사

(성향)

내향적 × 목적 지향(음 × 양)

감각형(GR)

☐ 경험에 반응한다.
☐ 과정과 수단을 중요하게 생각한다.
☐ 왁자지껄하게 이야기한다.
☐ 분위기에 맞춰 이야기한다.
☐ 개성 있는 옷을 선택한다.
☐ 감정을 움직이는 경험을 중요하게 생각한다.
☐ 몸으로 표현한다.
☐ 운동 능력이 뛰어나다.
☐ 몸으로 기억한다.
☐ '현재'를 중요하게 생각한다.
☐ 공감 능력이 있다.
☐ 쾌락을 좇는다.
☐ 감정에 반응하는 타입
☐ 호기심이 왕성하다.
☐ 몸을 잘 움직인다.
☐ 온화한 분위기로 만들기를 좋아한다.

(어울리는 직업)

**협상가, 영업자, 스포츠 선수, 등산가,
탐험가, 스포츠 트레이너, 댄서**

(성향)

외향적×공감 지향(양×음)

안정형(WK)

☐ 감각에 반응한다.
☐ 직감을 중요하게 생각한다.
☐ 천천히 말한다.
☐ 말수가 적다.
☐ 촉감으로 옷을 고른다.
☐ 감각으로 표현한다.
☐ 직관력이 높다.
☐ 감각으로 기억한다.
☐ 직감과 느낌을 이야기한다.
☐ 포용력이 있다.
☐ 정이 깊다.
☐ 흐름에 따라 일을 진행한다.
☐ 이해심이 있다.
☐ 남을 잘 배려하고 보살핀다.
☐ 상대의 마음을 편하게 해준다.

(어울리는 직업)

**비서, 치료사, 상담사, 피부미용관리사,
마사지사**

(성향)

내향적×공감 지향(음×음)

4가지 유형이 돈을 끌어당기는 법

앞의 항목을 보고 내가 어느 유형에 해당하는지 알았는가? 이 제부터는 각각의 성격 유형에 대한 구체적인 특징과 유형별로 돈 끌어당기는 방법을 설명하겠다.

행동형(EM)

+ Keyword 행동력, 열정적, 도전, 결과 중시

행동형은 우주의 4가지 힘에서 '전자기력'에 해당하는 유형이다. 전자기력의 광자^{Photon}는 빛의 속도로 움직인다. 마찬가지로 행동형도 생각나면 즉시 행동하는 행동파다. 외향적이면서 목적 지향적인 특징이 있다.

광자가 물체에 부딪혀 반사하면 눈으로 인식할 수 있듯이, 행동형은 시각 정보로 사물을 인식한다. 미래의 비전을 영상으로 인식하기 때문에 비전을 빛의 속도, 즉 빠른 어조로 상대에게 말하는 경향이 있다. 또한, 시각을 중시하기 때문에 자신이 타인에게 어떻게 보일지도 의식한다. 그래서 복장, 머리 스타일, 표정, 행동을 중요하게 생각한다. 맞춤 양복을 입거나 패셔

너블한 재킷, 셔츠, 팬츠, 여성의 경우에는 커다란 액세서리나 네일 아트 등을 통해 겉모습에 신경 쓰는 편이다.

기본적으로 활기차며, 인간관계는 단순하지만 싫고 좋음이 분명하다. 또한, 자석의 N극과 S극처럼 가치관이 맞는 사람과는 잘 맞지만 맞지 않는 사람과는 전혀 맞지 않고, 사람과 사귈 때, 어떤 일을 판단할 때, 득실을 따지면서 대한다.

이러한 경향의 행동형은 비전이나 목표가 있으면 행동으로 옮기기 쉽고, 새로운 일이나 어려운 일에도 도전하며, 리더십을 발휘한다. 높은 자리에 있고 싶은 사람이라서 선두에 서서 의사결정을 하는 일에 잘 맞는다.

창업해서 경영자가 되거나, 유튜버나 인플루언서로 활동하는 것 역시 좋은 방법이다. 혹은 엔터테인먼트 업계를 목표로 한다면 배우, 모델, 개그맨, 탤런트 등도 잘 어울린다.

돈을 끌어당길 때도 시각 정보에 호소하는 방식이 포인트다. 이해하기 쉬운 방법으로는 '비전 맵'이 있다.

자신이 이상적으로 생각하는 생활 모습이나 살고 싶은 집, 사고 싶은 가구, 타고 싶은 차, 가고 싶은 여행지 등을 인터넷 영상이나 잡지 등에서 찾아 종이나 코르크 보드에 붙여서 항상 비전이 눈에 보이도록 해놓자. 그러면 쉽게 잠재의식을 바꿀 수 있다.

사고형(ST)

+ Keyword 사고, 분석, 탐구, 발견, 성실, 신뢰

사고형은 우주의 4가지 힘에서 '강한 핵력'에 해당하는 유형이다. '강한 핵력'이 원자핵 안에서 미치는 힘은 강하지만 그 힘의 영향이 미치는 범위가 작은 것처럼, 사고형도 내향적이고 목적을 지향하는 경향이 강한 유형이다. 사물을 깊이 생각하고 진리나 진실을 추구하는 연구자 유형이라고도 할 수 있다.

책 읽는 것을 좋아하고, 자기 생각을 문장으로 정리하거나 누군가에게 설명하는 것을 잘한다. 논리적인 사고를 하며 자기 생각과 논리가 명확해 상대의 말에서 모순을 발견하면 날카롭게 지적하는 등, 자기 생각이나 이론과 맞지 않는 상대에게는 약간 비판적으로 대하는 경향이 있다.

또한, 냉정하고 침착하며, 말수가 적고, 어떤 일을 실현하기 위한 정보를 수집해 전략적으로 분석하고, 목표를 달성하기 위해 계획을 짠다. 물건 하나를 살 때도 분석하거나 조사해서, 여러 회사의 제품이나 가격을 충분히 비교 검토하고 구매한다.

단, 행동형처럼 겉모습을 신경 쓰는 타입은 아니라서 패션에 큰 관심은 없다. 그 대신 규칙과 규정을 따르는 특징이 있어 시간, 장소, 상황에 맞는 복장과 행동을 하고 싶어 한다. 반대로 그런 일을 전혀 신경 쓰지 않는 사람이 주변에 있으면 신경이 곤두선다.

이 유형은 청각적 정보를 우선시한다. 소리에 민감하고 타인에게 들은 말에 강하게 반응하기도 한다. 어떤 정보를 들으면 그 정보를 이미지로 기억한다. 그만큼 언어화도 잘해서 논리적 사고나 분석하는 능력이 중요한 과학자나 연구자, 발명가, 콘텐츠 개발자, 또는 말하는 능력이 중요한 강사, 교사, 변호사, 컨설턴트 등도 잘 맞는다.

돈을 끌어당길 때는 이상이나 목표를 명확하게 수치화해서 설정하면 좋다.

예를 들면, '3년 이내에 연봉을 1억 원으로 올리겠어'라는 식으로 기간이나 숫자를 명확하게 적는다. 청각이 뛰어난 점을 살려 설정한 비전이나 목표를 매일 선언하거나(어퍼메이션), 소리 내어 말한 것을 녹음해서 들으면 잠재의식을 바꿀 수 있다. "나는 점점 더 풍요로워진다"라고 매일 소리 내어 말해보자.

감각형(GR)

+ Keyword 공감, 경험, 협조, 창조

감각형은 우주의 4가지 힘에서 '중력'에 해당하는 유형이다. 중력이 모든 물질이 조화를 이루고 균형을 유지하게 하는 것처럼, 감각형도 혼자 있기보다는 모두 함께 행동하는 것을 좋아한다. 공감 능력이 뛰어나고 주변을 편안하게 만드는 분위기 메이커로, 사고형처럼 모든 일에 진지하게 몰두하기보다 잠자는 일이나 먹는 일, 노는 일, 재미있는 일, 즐거운 일 등 설레는 일을 좋아한다.

감각형은 논리보다 감정을 중요하게 생각한다. 명확한 비전이나 목표 설정을 하더라도, 그것이 자신을 설레게 하는지, 즐겁게 하는지에 따라 행동할지 말지가 결정된다. 즐거운 이벤트나 마음이 설레는 일이라면 기꺼이 행동한다. 하지만 애초에 목표나 계획을 세우는 일에 서툴고, 규정이나 규칙에 얽매이기를 싫어하는 유형이므로 자유롭고 즐겁게 놀면서 성공할 수 있는 일을 찾아 목표로 삼는 게 좋다.

또한, 사람과의 관계나 인연을 소중히 여기기 때문에 혼자 성공하기보다 누군가와 관계를 맺어 인맥을 통해 성공하는 경향이 강하다. 물론 그러한 사람들과도 경쟁이 아니라 협력하고, 무슨 일이든 평화롭게 진행하고 해결하려고 한다. 매일 많은 사람을 만나도 힘든 것을 느끼지 못한다. 많은 사람과 커뮤니케이션을 하면서 새로운 무언가를 창조하자.

직업으로는 영업직이나 서비스직, 몸을 움직이는 스포츠 선수, 등산가, 탐험가, 트레이너나 댄서 등이 어울린다. 인맥을 만들면서 사업을 시작하는 방법도 좋다.

감각형은 타인의 영향을 받아 돈을 끌어당기고 꿈을 실현한다. 이미 성공한 사람, 운이 좋은 사람, 좋은 인맥을 가진 사람, 행복한 부자 등과 관계를 맺어서 잠재의식을 새로 세팅할 수 있다. 다양한 사람과 만날 수 있는 파티나 교류회 같은 자리에 적극적으로 참석하자.

안정형(WK)

+Keyword 사랑, 위안, 조화, 협력

안정형은 우주의 4가지 힘에서 '약한 핵력'에 해당하는 유형이다. 행동형, 사고형, 감각형이 잘하는 일에는 전부 서툴다. '약한 핵력'에 해당한다고 하면 기대에 못 미칠 것 같은 느낌이지만, 사실 그렇지 않다. 오히려 다른 유형에 없는 깊은 애정이나 마음을 편안하게 하는 힘을 가진 유형이다.

존재 자체가 위안이 되며 애정을 가지고 상대를 대하는 안정형은 주변을 감싸안는 존재다. 상대의 기분을 살피고 배려하며, 조용하고 말수가 적지만 주변 사람들은 이 유형을 다정한 사람이라고 생각한다.

한편으로는 감수성이 예민해서 상대의 감정에 지나치게 이입하는 경향이 있다. 상대가 힘들면 자기도 똑같이 힘들어져서 괴로워한다. 혼자서 자주 생각에 잠기는 매우 섬세한 성격인 경우가 많아서, 많은 사람과의 만남을 힘들어하고 때로는 만나는 사람이 누군지에 따라 불안, 두려움을 느끼기도 한다.

집에서 혼자 여유롭게 시간을 보내거나, 공원에 나가 자연을 만끽하면서 자기 마음도 치유하자.

일은 1 대 1로 하는 업무가 잘 맞는다. 상담사, 치료사Therapist, 피부미용관리사, 마사지사 등 말을 많이 하지 않아도 되는 일이나 치유사Healer처럼 사람을 치유하는 일, 비서같이 누군가를 지원하는 일도 잘 맞다.

안정형은 목표 설정이나 언어화하는 일이 서툴다. 사람들 앞에서 프레젠테이션하거나 자기 생각을 문장으로 정리하는 일도 잘하지 못한다. 이미지 트레이닝이나 어퍼메이션도 오래가지 않는 방법이다. 감수성이 예민해서 느낌이나 감각을 알아채는 데 강점이 있다. **자기 자신의 느낌을 따라가면 좋다.** 명상하거나 자기 속도대로 여유롭게 지내면서 스스로와 마주하는 시간을 소중히 하고, 직감이나 감각에 따라 행동하자. 그편이 돈을 끌어당기기에 더 좋다.

하루라도 빨리 성공한 사람이 되는 방법

코칭 1 :
나의 유형에 맞는 이상적 인물을 찾아라

'양자역학 코칭'은 이름대로 코칭을 기본으로 한다. 코칭에는 순서가 있는데 우선 현재의 문제점 등을 경청한 다음 이상적으로 생각하는 상황을 이미지로 그리고 이상과 현실의 차이를 적어 그 차이를 메우기 위한 상세한 계획을 세운다.

지금까지 당신은 돈에 대해 배우고, 돈에 대한 이미지를 바꾸고, 자신이 가진 능력을 살피고 정리해서 가치를 발견했으며, 자기 성격 유형도 알았다.

이제부터는 당신의 이상적인 모델을 세워 그 사람을 흉내 내는 단계다. 먼저 당신이 '이 사람처럼 되고 싶어'라고 생각하는 성공한 사람을 머릿속에 그리거나 찾아보자. 자신이 이상적이라고 생각하는 '성공한 사람'은 사람에 따라 혹은 선택하는 직업이나 돈을 버는 방법에 따라 다르다.

그래서 자기 자신의 성격 유형을 확인해보는 일이 중요하다.

안정형인 사람이 행동형을 이상적이라고 생각해도 제대로 흉내 내기 어렵다. 동화《토끼와 거북이》로 말하면 행동형은 토끼다. 깡충깡충 뛰어서 계단을 올라간다. 한편 안정형은 거북이라서 차근차근 한 걸음씩 계단을 올라가 성공한다. 안정형인 사람이 행동형을 흉내 내려고 하면 '나는 할 수 없어'라는 생각이 들어서 지치거나 마음이 꺾일 수도 있다.

내가 이상적으로 생각하는 사람을 흉내 내는 것을 '모델링 Modelling'이라고 한다. 그 사람이 평소에 어떤 일을 하고 어떤 옷을 입고 어떻게 말하고 어떤 것을 가지고 있으며, 어떤 생활을 하고, 어떤 사람과 만나고, SNS에 어떤 내용을 올리고, 어떻게 행동하는지 자세히 조사해서 자신과의 차이를 적어보자. 그리고 그 차이를 메울 수 있도록 생활을 바꿔나가자.

그렇게 하면 당신은 자신의 이상에 가까워진다. 자신을 재정의하고 지금까지의 자신과는 다른 새로운 자아상Self-image으로 재구축하는 것이다. 이것이 바로 '자기 혁명'이다.

나 역시 처음 코칭을 시작했을 때는 코칭만으로 먹고살 수 없었다. 어떤 강연가를 이상적인 인물로 생각하고 동경해서 그가 하는 대로 흉내 낸 것이 시작이었다. 그렇게 반복하다 보니 지금은 나의 스타일을 확립할 수 있게 되었다.

내가 흉내 낸 것은 150만 원에서 300만 원 사이의 고액 강좌를 상품으로 만들어 판매한 것이다. 실제로 세미나 업계에서 연간 몇십억이나 버는 사람이 있는데, 그 사람이 무엇을 하는지 알아보고 따라 했다. 그러자 점점 연간 수입이 올라가고 돈을 끌어당길 수 있었다.

코칭 2 :
이상적인 인물의 행동을 따라 하라

이상적인 인물을 찾으면 그 사람을 직접 만나는 것도 좋은 방법이다. 그 사람이 주최한 이벤트 혹은 그 사람이 출연하는 세미나나 강연회에 참가해서 가까워지는 방법을 알아본다. 상대가 강좌를 열었다면, 투자라고 생각하고 강좌를 끊어 참가해보자.

단순히 수강생으로 참가하지 말고 자신과의 차이를 메우기 위해 배운다는 마음으로 가자. '배우다'의 어원은 '흉내 내다'에서 왔다. '배우러 가는 것 = 흉내 내러 가는 것'이다.

그렇게 새로운 사람과 만나고 관계를 맺기 시작하면 당신 뇌속의 '거울 뉴런'이 활성화돼서 좋은 영향을 받을 수 있다.

거울 뉴런은 타인의 행동을 보면서 자신도 같은 행동을 하는 것처럼 반응하게 하는 신경세포로, 이탈리아 파르마대학의 연구 그룹이 발견했다. 예를 들면, 가까운 사람의 영향을 받아 입버릇이 옮거나 말투가 바뀌거나 복장이 비슷해지기도 한다. 인간은 가까이 있는 사람의 영향을 받기 쉬운 생물이다.

전자 등 미시세계에는 쿨롱의 법칙Coulomb's law이 있는데, 양(+)전하와 음(-)전하 사이에 작용하는 밀어내거나 끌어당기는 힘의 크기는 두 전하의 곱에 비례하고, 두 전하 사이 거리의 제곱에 반비례한다는 법칙이다. 나는 이것을 인간관계에 대입해 '영향력의 법칙'이라고 부른다.

인간이 가진 영향력의 에너지 크기는 그 사람이 배운 것 또는 경험의 크기에 비례해서 커지고 사귀는 사람과의 거리감에 반비례한다는 말이다. 다시 말해, 인간은 가장 가까운 사람의 영향을 받는다.

영향력의 법칙으로 생각해보면 내 곁에 두는 사람이 성공한 사람인지 그렇지 않은 사람인지에 따라 당신은 부자가 될 수도 있고, 부자가 되지 못할 수도 있다. 그러니 성공한 사람에게 다가가 그 사람에게 배우기를 추천한다. 거울 뉴런을 잘 활용하면 당신은 이상적인 인물을 저절로 모델링 할 수 있게 된다.

결국, 인생은 '무엇을 하는가'보다 '누구와 함께하는가'가 더 중요하다. 부자가 되고 싶다면 성공한 사람에게 가까이 다가가 거울 뉴런을 활성화해 그 사람의 사고와 행동을 잘 배워보자.

코칭 3 : 돈이 없으면
내가 가진 자원으로 성공한 사람과 가까워져라

여기까지 읽으면서 '성공한 사람에게 가까이 가고 싶지만 나는 어려울 것 같아', '강좌를 들어도 나는 밑천이 없어서 안 돼'라고 생각하고 있을지도 모른다.

만약 그런 생각이 들었다면 그런 생각은 멘탈 블록이니 깨버리자. 내 주변에도 '돈이 없으니까'라고 변명하며 성공한 사람에게 가까워지는 것을 포기한 사람이 있다. 고액의 세미나를 듣고 싶어도 돈이 없다며 포기해버리는 사람도 있을 것이다. 하지만 그런 생각은 틀렸다.

극단적으로 말하면, 돈을 내지 않아도 성공한 사람에게 다가가거나 강좌를 수강할 수 있다. 게다가 결코 궁색한 방법도 아니다. 바로 자신의 자원을 대가로 제공하는 방법이다. 성공한 사람이 강연한다면 당신이 접수를 맡거나, 현장에서 수강생을 안내하는 스태프 역할을 하거나 혹은 카메라맨을 하거나, 아니면 장소를 제공하는 등 직접 강연을 열어 수강할 수도 있다.

그러한 일들은 모두 당신의 자원이다. 관객을 모으는 능력이 있다면 대신 사람을 모으고, 강연장을 빌릴 수 있다면 장소를 제공하고, 이런 일이 힘들다면 육체노동이나 기술이라는 자원을 쓰면 어떻게든 방법은 나온다. 중요한 것은 '내가 무엇을 할 수 있는지'를 확실하게 정리해서 파악하는 일이다. 8가지 자원은 그런 일을 하기 위해서 쓰는 것이다.

코칭 4 : 부자가 되기 위해서는 '내가 어떻게 관측되는지'도 중요하다

'자기 혁명'은 이전과 달라지기 위해서만 필요한 것은 아니다. 주변에서 보는 나의 모습이 달라지기 위해서도 중요하다.

양자역학 세계에서는 '관측자 효과 Observer effect'라고 한다. PART 1의 '이중 슬릿 실험'에서 전자의 이중성에 관해 이야기했다. 전자는 입자성과 파동성을 모두 가지고 있고, 그것이 관측되는지 아닌지에 따라 변한다는 내용이었다. 이처럼 관찰하는 행위가 관찰되는 현상에 미치는 변화를 관측자 효과라고 한다(관찰자 효과라고도 하는데 이 책에서는 관측자 효과라고 하겠다).

예전에 내가 참가했던 세미나에서 자기소개를 트레이닝 했을 때 재미있는 일이 있었다. 짝을 지어 서로 자기소개를 할 때, 그 행동에서 상대가 연봉을 어느 정도 받는 사람인지 추측했다. 이 트레이닝에서 재밌던 점은, 예를 들어 연봉이 3천만 원으로 보이는 사람(=관측된 사람)은 정말로 연봉이 3천만 원이라는 사실이었다. 요컨대 사람은 연봉만큼의 행동을 한다는 말이다.

즉, 당신이 성공한 사람에게 배워서 자기 혁명을 하는 것은 당신이 주변 사람에게 어떻게 관측되는지를 개혁하는 일이기도 하다.

'관측됨'으로 파동이 입자가 된다면,

당신이 부자가 되기 위해서는 '이 사람은 부자다'라고

주변 사람에게 관측되어야 한다.

그것으로 당신은 부자의 세계로 들어갈 수 있다.

실제로 부자는 주위에서도 부자로 본다. 부자로 관측될 만큼 물질적인 풍요와 정신적인 풍요를 함께 갖추고 있어서다. 그리고 점점 돈이 모여 더욱 부자가 되는 것이다.

여기까지 읽은 돈에 대한 이미지 변화, 나의 자원 정리, 성공한 사람에게 다가가 배우는 실제 행동거지는 당신의 마인드나 사고 패턴, 행동법, 나아가 겉모습, 모든 것을 바꿔 궁극적으로 당신의 자아상을 바꾸기 위한 시도다. 물론, 실제로 행동하지 않으면 자기 혁명은 일어나지 않는다.

이미 말했듯이, 당신이 어떻게 인식하는지에 따라 사고와 말이 바뀌고 행동이 바뀐다. 부디 스스로 자기 자신을 개혁하고, 주위에서 관측되는 당신의 모습도 개혁하길 바란다.

자기 혁명의 법칙
Key point

- 우주에는 4가지 힘이 있고 성격 유형도 크게 4가지로 나눌 수 있다.
- 자신의 유형에 맞는 방법으로 잠재의식을 바꾸면 돈을 끌어당길 수 있다.
- 사람은 가장 가까운 사람에게 영향을 받는다. 그러니 사람은 신중하게 사귀자.
- 타인에게 어떻게 관측되는지에 따라 현실이 바뀐다.

돈 에너지를 끌어당기는 쪽으로 생각하라. 의식의 주파수를 맞추면 현실이 바뀐다.

| 당장 해보기 | **행동형(EM)**
• 살고 싶은 집, 사고 싶은 가구, 가고 싶은 여행지 등 내가 누리고 싶은 것, 내가 이상적으로 생각하는 생활 모습을 구체적으로 생각해본다.
• '비전 맵'을 작성하고 매일 본다. 내가 이상적으로 생각하고, 목표로 하는 것과 관련된 사진 등을 찾아 벽에 붙여두면 좋다.

사고형(ST)
• 내가 정한 목표나 이상적인 성취를 기간, 숫자로 분명하게 설정한다. '3년 내에', '연봉 1억 원 달성' 같은 식이다.
• 내가 정한 목표, 풍요의 메시지를 담은 '긍정 확언'을 매일 소리 내어 말한다. |

창조의
법칙

"행복한 자산가가 되려면
조합하고, 창조하라"

법칙 6과 법칙 7에서 자신의 자원과 성격 유형을 알았다면 이제 비즈니스를 창조해보자. 법칙 8에서는 자원을 조합해 가치를 창조하는 방법에 대해 더 자세히 이야기하겠다.

현재의 나에게는 아무것도 없다고 느껴도, 내가 양자역학 코칭을 만들었듯이 당신도 무에서 유를 창조하고 그것을 비즈니스로 만들어 돈으로 바꿀 수 있다.

조합하면 새로운 것이 탄생한다

우주 창조의 과정을 생각하면 이해가 쉽다.

우주는 지금으로부터 약 138억 년 전에 빅뱅으로 탄생했다.

10^{-36}초에서 10^{-34}초 사이라는 극히 짧은 시간에 아주 작은 공간이 급격하게 팽창했고, 그때 방출된 열에너지가 폭발해서 지금의 우주가 탄생했다. 이 팽창은 지금도 계속되고 있는데 이는 일반적으로 '급팽창 이론Inflation Theory'이라고 한다.

우주가 탄생한 과정은 물질과 반물질에 따른 쌍생성, 쌍소멸의 반복에서 시작되었다. 입자로 구성된 것을 '물질Matter', 질량이나 에너지는 같고 전하가 반대인 반입자로 구성된 것을 '반물질Antimatter'이라고 한다. 물질과 반물질은 하나가 되어 사라지는데, 사라지면서 빛을 만드는 것을 '쌍소멸'이라고 하며 반대로 빛에서 물질과 반물질이 짝을 이루어 생성되는 것을 '쌍생성'이라고 한다.

우주는 원래 아무것도 없는 무無의 공간이었지만 어떠한 이유로 입자와 반입자 수의 균형이 깨져 물질만 남았다. 이 같은 균형의 붕괴를 'CP 대칭성 깨짐CP violation'이라고 한다. 그리고 수소 원자나 헬륨 원자가 생겨나고, 다양한 원자의 조합으로 물질이 만들어졌다. 수소 원자와 산소 원자가 결합해 물 분자가 되는 것처럼, 우주도 다양한 조합으로 구성되어 있다.

당신이 가진 8가지 자원도 조합해보면 당신만의 독창적인 무언가를 '쌍생성'할 수 있다. 그 독창적인 무언가를 '비즈니스 아이디어'라는 새로운 가치로 만들어보자. 그리고 그것을 제공해 상대를 기쁘게 하면 그에 대한 감사와 신뢰의 대가로 당신에게 돈이 들어온다.

아이디어를 조합해서 새로운 것이 탄생한 예는 다음과 같은 것들이 있다. 카레와 우동을 조합한 카레 우동, 연필과 지우개를 조합한 지우개 달린 연필, 카메라와 전화를 조합한 카메라 달린 핸드폰 등 다양한 것들이 있다.

아이디어로 시장 전체를 바꾼 예도 있다. 바로 '아이폰'이다. 프레젠테이션에서 잡스는 전화, 아이팟, 개인용 정보 단말기(PDA, Personal Digital Assistant)를 하나로 합친 획기적인 제품을 만들었다면서 아이폰을 발표했다. 아이폰은 그때까지 존재하지 않던 조합으로 탄생한 혁신적인 상품으로 '스마트폰'이라는 새로운 시장을 만들었다.

이처럼 이미 가지고 있는 자원을 조합해 독자적인 가치를 가진 무언가를 만드는 일도 가능하다. 부디 당신도 무언가를 조합해 새로운 가치를 창조하길 바란다. 그 가치가 큰돈으로 바뀌기도 한다.

'사람들이 웃을 만한 아이디어가 아니라면
독창적인 발명이라고 할 수 없다.'

빌 게이츠, 마이크로소프트 창업자

나의 자원을 비즈니스 아이디어로 만드는 또 다른 방법

'조합하기' 말고도 비즈니스 아이디어를 만드는 방법이 있다. 바로 '이름 바꾸기'와 '제거하기', 두 가지 방법이다.

이름 바꾸기 Renaming

상품의 이름을 바꿔 재판매하는 방법이다.

일본의 네피아 주식회사가 1996년에 판매하기 시작한 보습 티슈가 유명한 예다. 처음에는 보습 티슈의 인지도가 낮아서 새 고객을 확보하기가 어려웠지만, 2004년에 '하나세레브(아무리 코를 풀어도 코가 빨개지지 않는 고급스럽고 부드러운 티슈-역주)'로 이름을 바꿔서 브랜드화한 후에는 매출이 10배 이상 올랐다.

이토엔이 1985년에 발매한 캔에 든 녹차는 4년 후 상대를 친근하게 부르는 '이봐(お〜い, 오이라고 읽는다)'를 차용해 매장에서 손님을 친밀하게 부르는 느낌이 담긴 '오〜이 오차お〜いお茶'로 상품명을 바꾼 후에 매출이 6배 이상 올랐다. 그리고 산토리에서 발매한 캔 커피 'WEST'는 1992년에 'BOSS'로 상품

명을 변경한 후 30년 이상 판매되면서 캔 커피를 대표하는 상품으로 자리했다.

제거하기 Removing

기존의 것에서 기능을 줄이는 방법이다.

이해하기 쉬운 예로 스마트폰이 있다. 스마트폰은 기존의 휴대전화에서 버튼 대신 터치로 모든 기능을 조작하는 아이디어에서 탄생했다. 참고로 앞에서 이야기한 잡스의 아이폰 프레젠테이션에서는 아이폰의 새로운 디자인을 '다이얼이 있는 아이팟'이라고 장난스럽게 소개해 청중의 웃음을 자아냈다(웃음).

또한, 인스타그램은 사진과 동영상 업로드를 주요 기능으로 내세워서 성공했다. 원래 프레임을 코와 귀에 걸었던 안경을 렌즈만 남겨 탄생시킨 콘택트렌즈도 있다.

이처럼 '조합하기, 이름 바꾸기, 제거하기'라는 방법을 써서 새로운 비즈니스 아이디어를 만들 수 있다. 자기에게 어떤 자원이 있고, 어떤 일이 어울리는지 알았다면 그것에 맞게 자원을 조합해보자. 세상에 이미 그 조합이 있다면 이름을 바꾸거나 기능을 줄여서 당신만의 독창적인 가치를 창조하자.

창조의 법칙
Key point

- 기존의 것을 조합하면 새로운 가치를 창조할 수 있다.
- 이름을 바꾸거나 기능을 줄이면 새로운 서비스가 탄생한다.
- 아이디어에 따라 가치는 돈으로 바꿀 수 있다.

돈 에너지를 끌어당기는 쪽으로 생각하라. 의식의 주파수를 맞추면 현실이 바뀐다.

당장 해보기

과제 ❶ 무언가를 조합해서 독창적인 가치를 만들자!
과제 ❷ 서비스나 상품의 이름을 바꿔서 제공해보자!
과제 ❸ 서비스나 상품의 기능을 줄여서 제공해보자!

'조합하기, 이름 바꾸기, 제거하기'를 활용해 어떤 것을 만들 수 있는지 적어보자(황당해 보여도 좋다).

에너지의
법칙

"4가지 에너지를 순환시키면
진정한 풍요를 끌어당길 수 있다"

마침내 비즈니스를 시작했다면 돈을 만들고, 늘리고, 지키는 일도 물론 중요하지만, 당신이 부자가 되기 위해서는 조급하게 돈을 모으는 것보다 오히려 감사와 신뢰를 쌓아야 한다. 나는 이것을 '감사 저금', '신뢰 잔액'이라고 부른다.

'감사 저금'이란 사람들에게 "감사합니다"라는 말을 듣는 횟수를 늘리는 일이다. 감사의 말을 많이 들을수록 '감사 저금'이 쌓인다. 감사의 말을 듣는 행동은 다음과 같다.

- 상대의 집에 방문할 때 선물을 사 간다.
- 만날 때마다 상대의 장점을 칭찬한다.
- 몰래 선물을 준비한다.
- 전철에서 자리를 양보한다.

'신뢰 잔액'은 사람들에게 신뢰받을 수 있는 행동의 횟수를 늘리는 일이다. 먼저 신뢰할 수 없는 사람의 특징부터 알아보자.

- 약속을 깬다.
- 타인을 존중하지 않는다.
- 거짓말로 어물쩍 넘어간다.
- 자기만 옳다는 태도를 취한다.
- 무언가를 해냈을 때 전부 자기 덕이라는 태도를 취한다.
- 일할 때 능률이 떨어진다.

반대로 신뢰할 수 있는 사람의 특징은 다음과 같다.

- 약속을 지킨다.
- 타인을 존중한다.
- 성실하고 정직하다.
- 일관성 있고 말과 행동이 일치한다.

행복한 부자는 '돈은 사랑, 신뢰, 감사의 에너지가 형태가 된 것'이라는 이미지를 가지고 있다. 감사 저금을 쌓는 일은 돈이라는 에너지가 당신에게 모여드는 일이기도 하다.

단, 그렇게 하기 위해서는 자기 자신부터 감사할 줄 아는 사람이 되어야 한다.

이 세상은 같은 파장이나 파동을 가진 것이 공명해서 이루어졌다. 그러니, 감사를 받으려면 당신 또한 감사의 파동을 가지고 있어야 한다.

'작은 진실에 경솔한 사람은
중요한 문제에서 신뢰받지 못한다.'

알베르트 아인슈타인

세 가지 '고마워'를 말할 수 있는가?

'고마워'라는 말에 3종류가 있다는 사실을 알고 있는가?

첫 번째는, 무언가를 해주었을 때의 "고마워".

두 번째는, 무언가를 해주지 않아도 "고마워".

세 번째는, 아무튼 "고마워".

첫 번째는, 누군가가 무언가를 해주면 그 답례로 하는 말이다. 예를 들어 편의점 계산대에서 상품을 받아줬을 때, 전철에서 자리를 양보받았을 때, 음식을 주문했는데 따끈한 상태로 배달해주었을 때 등 어떤 상황도 상관없지만, 당신은 답례로 "고맙습니다"라고 말하는가?

당연히 잘하고 있다고 생각하는 사람도 있지만, 의외로 잘하지 못하는 사람도 많다.

당신은 가족에게 항상 "고마워"라고 말하는가? 또는, 배우자에게 "항상 집안일 해줘서 고마워", "아이들 키워줘서 고마워", "일해줘서 고마워"라고 말하는가? 부모님에게 "낳아주셔서 고마워요"라고 말하는가?

가까운 가족일수록 감사의 말을 전하지 않는 사람도 많다. 무언가를 해줬을 때의 고마움을 매일 말하는 습관을 들이기만 해도 인간관계는 크게 개선된다. 그리고 더욱 풍부한 인간관계를 만들 수 있다. 꼭 실천해보자.

두 번째는, 누군가가 딱히 무언가를 해주지 않고 아무런 좋은 일이 없어도 현재 내 상황에 감사하며 하는 말이다.

맛있는 밥을 먹었고, 일을 잘 마쳤고, 전철도 때맞춰 왔고, 사고에도 휘말리지 않고 무사히 집으로 돌아온 오늘 하루를 생각해보자. 특별할 것 없는 일상일지도 모르지만, 그런 일상은 당연하지 않다.

만약 아침에 일어나서 산소가 없다면 어떻게 될까? 숨이 막혀 살 수 없다. 그렇다면 이 산소는 누구 덕에 생겼을까? 그렇다. 지구상의 식물, 자연 덕분이다. 그렇게 생각하면 자연에 감사하는 마음이 생긴다.

불교에 '맹귀부목盲龜浮木'이라는 말이 있다. 이 말은 '큰 바다에 사는 눈이 먼 바다 거북이가 백 년에 한 번 수면으로 올라왔을 때 큰 바다에 떠다니는 구멍 뚫린 나무에 우연히 머리를 끼운다'라는 뜻으로, 즉 어려운 상황에서 마주하는 뜻밖의 행운을 말한다. 부처님이 가르침을 주고자 한 말로,《잡아함경雜阿含經》이라는 경전에 나온다. 고맙다는 뜻의 일본어 '아리가토有り難う'의 어원이기도 하다.

> "어느 날 부처님이 제자인 아난존자阿難尊者에게
> '인간으로서 생명을 받은 것에 대해 어떻게 생각하느냐'라고 물으며 '맹귀부목' 우화를 이야기하셨다.
> '백 년에 한 번 떠오르는 거북이가 때마침 떠밀려 온 나무의 구멍으로 머리를 내밀 일이 과연 있겠느냐'라고 묻자,
> 아난존자가 '그런 일은 불가능합니다'라고 대답했다.

그러자 부처님은 '누구나 있을 수 없다고 생각하겠지.

인간으로 태어나는 일은 이 이야기보다

더 있을 수 없는 일이다.

매우 감사한 일인 게지'라고 말씀하셨다."

＊출처 : 일본의 유명 불교 사원 중 하나인 야쿠시지藥師寺 홈페이지

(https://yakushiji.or.jp/column/20201102/)에서 인용

인간으로 태어날 확률은 기적과 같고 '좀처럼 있을 수 없는 일(감사하다)'이라는 의미다. 조상에게 생명을 받았기 때문에 지금의 당신이 있다. 맥이 끊겼다면 당신은 존재하지 않는다. 이런 사실을 깨닫고 감사할 수만 있어도 당신의 생각이나 마음가짐은 매우 달라지고 파동도 바뀐다. 우선 이 정도의 "고맙습니다"를 말할 수 있도록 노력하자.

세 번째는 약간 장벽이 높다. 최악의 상황에서도 자신에게 남은 것을 깨달을 줄 아는 수준에서 하는 말이다.

당신이 교통사고를 당했다고 가정하자. 그때 만약 오른쪽 팔에 골절상을 입었다면 어떤 마음일까? 기분이 최악일 것이다. 그렇다면 양쪽 다리마저 골절상을 입었다면 어떨까? 더 최악일 것이다. 사고로 양팔과 양다리를 잃었다면? 이제 절망밖에

없을지도 모른다. 하지만 이렇게 생각하면 어떨까?

'내게 남은 것은 무엇일까?'

몸은 남아 있다. 머리도 남았다. 눈도, 귀도, 코도, 입도, 목숨도 남아 있다. 눈이 있다면 볼 수 있고, 귀가 있다면 들을 수 있고, 코가 있다면 냄새를 맡고, 입이 있다면 먹거나 말할 수 있다. 양팔과 양다리를 잃어도 없어진 것이 아니라 '남아 있는 것'에 초점을 맞추면, 그것만으로도 자신이 가지고 있는 것을 깨닫게 되고 감사할 수 있다.

그 정도가 되면 "아무튼 고맙습니다"라고 말할 수 있는 수준으로 성장하는 것이다. 살아 있는 것만으로 감사한 마음을 가질 수 있으면 감사하는 마음이 자연스럽게 나온다.

'어떤 역경이 있어도 불평불만을 하지 않고
살아 있는 것에 감사한다.
그렇게 행복을 느끼는 마음을 키우면
인생은 풍요롭고 윤택하고 멋진 것으로 바뀔 수 있다.'

이나모리 가즈오稲盛和夫, 교세라 창업자

당신이 감사할 줄 아는 사람이 되고 감사받는 사람이 되면, 당신 안에 신뢰 잔액은 늘어난다. 그렇게 하기 위해서는 처음부터 당신이 감사를 주고받을 수 있는 사람이어야 한다.

신뢰 잔액이 쌓이면 거듭 일이 생긴다. '이 사람이라면 맡겨도 괜찮아'라는 평판이 생겨, 새로운 일이 늘어나거나 일 의뢰가 들어오고 소개도 많아지고 돈도 늘어난다.

흥미롭게도 신뢰 잔액이 높으면 금융기관에서 받을 수 있는 대출금도 많아진다. 신뢰 잔액이 높은 상태는 비즈니스에서 어느 정도 성공을 한 상태이므로, 금융기관도 확실하게 심사해서 돈을 빌려주기 때문에 설령 당신이 현금이 없더라도 원하는 것을 손에 넣거나, 새로운 비즈니스를 시작할 수 있다.

신뢰 잔액이 높은 사람은 고액이 오가는 비즈니스에서도 큰 결과를 얻기도 한다. 내 지인 중에 앤티크 장신구 사업을 하는 사람이 있었다. 처음에는 친구에게 약 1천 5백만 원 상당의 장신구를 빌려 판매를 시작했는데, 그 일로 돈을 모아 1억 8천만 원짜리 티아라를 구매해 경매에서 20억 원에 되팔았다. 그렇게 자산을 늘려 현재는 연간 총매출이 1천억 규모의 사업이 되었다. 이렇게 자산을 늘릴 수 있었던 것도 '이 사람이라면 빌려줘도 괜찮아'라는 신뢰가 있었기에 가능했다. 지금은 그가 "그 보석 살 건데, 돈은 다음에 송금할게요"라고 말만 하면 계약서 없이도 구두 계약만으로 거래가 성사될 정도다. 억 단위지만 말 한마디로 거래가 가능한 것도 신뢰 잔액이 매우 높기 때문이다.

이제부터 무언가를 시작할 때는 '처음부터 신뢰와 감사의 에너지를 저축하자'라는 생각으로 행동해야 한다. 그렇게 하면, 만약 당신이 돈이 없어져도 그때까지 늘어난 당신을 지지하는 사람들이 당신을 도와주기 때문이다.

물론, 그 대신 당신의 가치를 제공할 수도 있다. 돈이 없는 상태라도 그런 방법으로 다시 감사를 주고받거나 신뢰 잔액을 늘릴 수 있다.

코칭 2 :
'주는 사람'이 되어 삶의 수준을 끌어올리자

무일푼이 되어도 나를 지지해주는 사람들의 도움을 받아 다시 한번 기회를 얻는 사람이 되려면, 역시 자기 자신이 인간적으로 성장해야 한다.

정신적인 풍요, 물질적인 풍요와 함께 내가 생각하는 '인간의 6가지 단계'에 대해 이야기하겠다. 돈은 물론 행복까지 끌어당기고 싶다면, 항상 높은 단계로 올라갈 수 있도록 의식하며 생활하자.

1단계 : Take & Take

타인의 시간과 돈, 인맥을 계속 빼앗는 사람이다. 항상 상대의 것을 빼앗기만 하고 주는 일은 없다.

사람들은 1단계의 사람과 사귀는 일은 '시간과 돈을 빼앗기는 일'이라고 생각하고, 1단계의 사람 역시 자기가 빼앗는 사람이기에 '상대도 나에게서 무언가를 빼앗는다'라는 생각을 가지고 사람을 사귄다.

2단계 : Take & Give

타인에게 무언가를 받은 후에 주는 사람이다.

확실하게 갚는 만큼 1단계의 사람보다는 낫지만, 자신이 선뜻 먼저 주지는 않는다. 항상 받은 것 이상을 주려고도 하지 않는다. 단, 이것은 대등한 교환이므로 절대 나쁘다고 할 수는 없다.

3단계 : Give & Take

2단계의 사람과 반대로, 먼저 베풀고 그 대가로 무언가를 받는다. 역시 절대 나쁜 건 아니다. 무언가를 교환하거나 미리 값을 치르는 사람으로, 주고받는 균형이 잡혀 있다.

4단계 : Give & Give

먼저 주고, 계속해서 주는 사람이다.

대가를 바라지 않고 상대가 원하는 것을 준다. 먼저 주면 빼앗지 않아도 자신에게 돌아온다는 사실을 이해하고 있으며, 돈에 여유가 있는 사람은 자금이 부족한 스타트업에 투자하는 개인투자자가 되기도 한다.

5단계 : Give & Forget

계속 주기만 해서 누구에게, 무엇을 줬는지 잊는 사람이다. 무언가를 베풀어 타인에게 도움이 되고, 사회에 공헌할 수 있다는 사실에 기쁨을 느낀다. 하지만 어느 정도로 도움이 되는지는 신경 쓰지 않는다.

6단계 : Give & Love

마치 부처나 신의 경지에 오른 정신력을 가져 타인에게 아낌없는 사랑을 주는 사람이다. 이 세상의 모든 존재가 사랑이라는 사실을 깨달아, 만나는 사람을 행복하게 하고 끊임없이 사랑을 주는 사람이다.

> 코칭 3 : 사랑으로 살면 물질적, 정신적으로 채워져
> 내가 중심이 되는 삶을 산다

6가지 단계 중에서 어느 정도 돈이 있는 사람은 4단계나 그 위의 단계에 있는 사람이다. 대부분은 1단계에서 3단계 사이에 머물며, 약간 여유가 있는 사람은 먼저 베푸는 3단계의 삶을 산다.

스스로 생각했을 때 당신이 현재 어느 단계에 머물러 있는지는 묻지 않겠다. 단, 이상적인 것은 4단계 이상이다.

베푸는 사람으로 이동하면 당신의 에너지는 높아지고 영향력도 강해진다. 그리고 사람들에게 좋은 영향을 주면 자연스럽게 물질적, 정신적 풍요를 모두 끌어당길 수 있다.

4단계 이상에서 사는 사람은 불안이나 두려움에서 해방되고, 사랑을 바탕으로 살게 된다. 마음에 여유가 생기고 항상 상대에게 어떻게 하면 기쁨을 줄 수 있을지에 대해 무의식적으로 생각하면서 상대를 기쁘게 하는 행동을 하며 산다. 그리고 자신의 가치를 제공해 상대가 기뻐하면 사랑, 감사, 신뢰의 에너지가 형태가 된 돈이 들어온다.

당장은 어렵더라도, 기회가 오면 보답을 바라지 말고 베풀 수 있는 사람이 되자. 그러면 이전보다 몇십 배, 몇백 배 큰 풍요와 행복을 손에 넣는 인생을 살게 될 것이다.

마음을 계속 풍요롭게 하는
4가지 에너지 순환

지금까지 감사, 신뢰, 사랑, 베풀기 등의 소중함을 이야기했는데, 이것들을 주는 것만큼이나 받아들이는 것도 중요하다. 다른

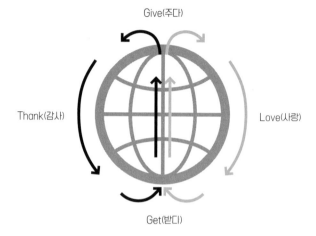

4가지 에너지의 순환

Give(주다)

Thank(감사)

Love(사랑)

Get(받다)

사람이 주는 사랑의 에너지나 감사의 에너지를 순수하게 받아야, 받아들이는 에너지가 채워진다.

즉, 사랑과 감사의 에너지를 주고받는 4가지 에너지가 순환돼야 마음이 풍요로워진다.

주기만 하고 받아들이는 일을 소홀히 하면 자기희생이 되기 쉽다. 사랑하는 것도 중요하지만 사랑받는 것도 중요하고, 감사하는 것도 중요하지만 감사받는 것도 중요하다.

다음 4가지 에너지의 균형을 의식하면, 자연스럽게 행복과 부를 끌어당길 수 있다.

사랑의 에너지Love Energy

감사의 에너지Thank Energy

주는 에너지Give Energy

받는 에너지Get Energy

이러한 4가지 에너지를 균형 있게 순환시키는 것이 돈 에너지를 끌어당겨 풍요로운 삶을 사는 비결이다.

> '사람의 일생은 자신이 모은 것보다
> 타인에게 주는 것으로 평가받는다.'

웨인 다이어Wayne Walter Dyer, 미국의 존경받는 심리학자 겸 작가

부자보다 자산가를 목표로 삼자

이 책에서는 양자역학적 측면에서 돈을 다뤄 부자 되는 법을 이야기했지만, 가장 행복한 삶은 부자보다 자산가라고 생각한다.

돈을 가진 사람은 실제 자신이 가지고 있는 현금보다 '자산'을 이야기한다. 자산이란, 실제 현금과 계좌에 찍힌 금액 외에

도 부동산(유형자산)과 주식, 심지어 빚까지도 포함한다.

예를 들어, 대부분은 자산이 1천억 원이라고 해도 현금이나 계좌에 1천억 원이 있지 않다. 여러 가지 자산을 합해서 얼마인지 말하는 것이다. 세상에는 현금이 600만 원밖에 없어도 몇십억 원이나 돈을 끌어모을 수 있는 사람이 존재한다. 당신도 부디 이 감각을 몸에 익히길 바란다.

다시 한번 말하지만, 지갑이나 통장 안에 있는 돈만이 전부가 아니다. 돈은 에너지이며, 세상 어디에나 있는 가상의 자산과 같다. 남은 것은 그 에너지를 당신이 '끌어당길 수 있는지, 없는지'뿐이다. 그런 사람이 되려면 부자가 아니라 자산가를 목표로 하자.

투자로 돈을 만드는 유형자산을 가지는 일도 물론 중요하고 꼭 해야 할 일이지만, 자산에는 무형자산도 존재한다. 무형자산이란 눈에 보이지 않는 자산이다. 특허, 상표, 기업 노하우 등이 일반적이고, 이 밖에도 경험이나 기술, 지혜, 자격, 지식, 친구, 가족, 신뢰, 건강 등도 포함된다.

무형자산을 활용하면 돈이 없어도 성공할 수 있다.

이 책의 과제를 실천하면서 무언가 발견하지 않았는가? 그렇다! 이미 당신에게 있는 8가지 자원이다. 이것이 나만의 소중한 무형자산이다. 이 무형자산을 활용해 자산가를 목표로 삼자.

실제로 돈이 있고 없고가 아니라 무엇을 이루고 어떤 실적을 냈는지에 따라 '이 사람은 이런 일을 해낼 거야'라는 믿음으로 돈이 모인다. 세상에 먼저 비전을 보여주자.

"나는 이런 일을 이루고 싶어!"

그렇게 말하는 순간, 보이지 않는 파동은 보이는 입자 알갱이가 되기 시작한다.

비전은 '보이지 않는 것 = 미래의 세계 = 파동성의 세계'에 해당한다. 비전을 이야기하는 단계에서는 당신에게 아무것도 없어도 타인은 당신이 성공할 것 같다고 생각한다. 또는, 과거에 실적이 있다면 당신은 '잘될 것'이라고 관측되어 투자를 받고, 돈이 모인다. 돈이 없어도 무형자산을 활용해서 비전을 이야기하면, 돈이 모여서 성공할 수 있다. 세상의 행복한 부자들은 모두 그렇게 성공했다.

여기까지 읽은 당신은 이미 '내게는 아무것도 없어'가 아니라 '내게는 여러 가지가 있어'라는 사실을 알고 있다. 그런 마음가짐이 정신적인 풍요로 이어진다.

대부분은 성공해야 행복해진다고 생각하지만, 실제로는 행복해서 성공할 수 있는 것이다. 그것이 올바른 순서다. 정신적으로 풍요로워지면 물질적으로도 풍요로워진다. 양자역학적으로는 보이는 세계도 보이지 않는 세계도 에너지이며, 우주 대부분을 차지하는 '보이지 않는 정신적인 풍요'가 '보이는 물질적인 풍요'를 만들기 때문이다.

이러한 사실을 명심해서 통장의 잔액에 일희일비하지 말고 돈에 얽매이지 않는 인생을 살자!

에너지의 법칙
Key point

- 무작정 돈만 모으기보다 '감사 저금'과 '신뢰 잔액'을 쌓는다.
- 세 가지 '고마워'를 실천하면 자연스럽게 마음도 풍요로워진다.
- 사랑과 감사와 주고받는 4가지 에너지의 균형을 맞춘다.
- 정신적으로 풍요로워지면 물질적인 풍요를 끌어당길 수 있다.
- 부자보다 자산가를 목표로 삼는다.

돈 에너지를 끌어당기는 쪽으로 생각하라. 의식의 주파수를 맞추면 현실이 바뀐다.

| 당장 해보기 | 과제 ❶ '고마워'로 감사 저금과 신뢰 잔액을 쌓자! |
| | 과제 ❷ 지금 살아 있음에 진심으로 감사하자! |

❶ 고마움을 전하고 싶은 상대를 떠올리고 고마운 일을 적어보자.

_____

_____

❷ 하루를 무사히 보낸 것에 대한 감사를 적어보자.

_____

_____

_____

PART 2 돈과 운을 자유자재로 끌어당기는 9가지 법칙

나가며

이제 통장 잔액에
얽매이지 않는
삶을 살자

'모든 것은 에너지다. 고로 돈 역시 에너지다.'

결국, 돈을 끌어당기려면 이 말을 명심한 후 풍요의 마인드를 가지고 행동하는 수밖에 없다. 돈이 에너지라는 것을 알고 세상의 돈이 자신의 것이자 모두의 공유물이라는 것을 이해하면 '돈이 있다'라는 사실에 초점을 맞춰 살아갈 수 있게 된다.

'돈이 없으면 성공할 수 없어.'
'돈이 없으면 아무것도 못 해.'
'돈이 없으면 행복할 수 없어.'

지금까지 나를 지배했던 이런 생각에서 벗어나 '이미 존재하는 돈을 어떻게 끌어당길까'에 초점을 맞춰 살아가자.

그런 의미에서, 이 책에서 마지막으로 전하는 돈을 끌어당기는 법칙은 '공유의 법칙'이다.

우리는 '타인을 떨어트리는 경쟁Competition'의 시대에 살고 있다. 하지만 머지않아 '모두 협력해서 함께 창조Collaboration하는 시대'가 올 것이다. 자신이 가지고 있는 것을 상대방과 나누고 자신이 원하는 것을 받으며, 우리는 돈을 번다는 개념이 사라진 세상에서 살게 될 것이다.

다시 말해, 모든 것을 공유하고 돈 또한 자기가 소유하지 않고 모두와 공유하며 용도에 따라 쓰는 날이 반드시 올 것이라고 생각한다. 이런 상태가 바로 '풍요'다. 이런 시대에 걸맞은 마인드를 갖추기 위해서라도 먼저 당신부터 소유의 개념을 버리자.

소유라는 개념을 버리는 일은 절대 불가능하지 않다.

일찍이 인류는 공유의 개념을 가지고 있었다. 고대 시대에는 공동체 생활을 하면서 공유에 대한 개념이 있었기에 '서로 나누는 문화'가 있었다. 현대를 살아가는 우리도 더욱 가혹하게 경쟁하게 하는 소유의 개념을 버리고, 공유의 개념을 가지고 살아갈 수 있다고 생각한다. 그리고 소유하기 위해서가 아닌, 공유를 통한 풍요의 마인드를 가지면 우리는 행복해질 수 있다. 더 이상 숫자에 불과한 통장 잔액에도 얽매이지 않는다.

행복과 성공에는 분명한 차이가 있다.

행복은 손에 넣을 수 있는 감정이며, 성공은 손에 넣을 수 있는 상태이다. 행복은 눈에 보이지 않고, 성공은 눈에 보인다.

여기까지 읽었다면 이미 알아차렸겠지만, 성공보다 행복이 더 중요하다. 보이지 않는 95퍼센트의 에너지인 행복을 얻는 것이 성공보다 훨씬 중요하다.

행복해지기는 어렵지 않다. '내가 가지고 있는 풍요'를 깨달으면 된다. 이 책이 그 계기가 된다면 행복하겠다. 행복한 에너지를 가진 사람 곁에 사람도, 돈도, 정보도, 일도, 인맥도 모이는 법이다. 지금부터는 여러분 자신이 그런 사람이 되기를 간절히 바란다.

《신뢰의 속도》(스티븐 M. R. 코비, 김영사, 2009)

《유인력 끌어당김의 법칙》(에스더 & 제리 힉스, 나비랑북스, 2013)

《바잉브레인》(A. K. 프라딥, 한국경제신문, 2013)

《이나모리 가즈오의 인생을 바라보는 안목》(이나모리 가즈오, 쌤앤파커스, 2017)

《부자 아빠 가난한 아빠》(로버트 기요사키, 민음인, 2018)

《깨어 있는 마음의 과학》(도슨 처치, 정신세계사, 2020)

《바빌론 부자들의 돈 버는 지혜》(조지 S. 클레이슨, 책수레, 2021)

《내 아이의 리치 마인드》(미안 사미, 해냄, 2021)

《언어가 당신의 인생을 결정한다(「言葉」があなたの人生を決める)》(도마베치 히데토, 포레스트 출판, 2013)

《세계 대부호 2000명이 알려준 돈과 끌어당김의 법칙(世界の大富豪 2000人がこっそり教えてくれたお金と引き寄せの法則)》(토니 나카노, SB 크리에이티브, 2015)

《누구도 가르쳐주지 않은 부자 100인의 비밀 습관 대전(誰も教えてくれなかった お金持ち１００人の秘密の習慣大全)》(비밀정보취재반, 세이

순 출판사, 2016)

《시뮬레이션 가설(The Simulation Hypothesis)》(리즈완 버크,
Bayview Books, 2019)

《부자 열차, 가난한 자의 열차 - 성공한 자만이 갖는 표를 손에 넣으
려면(金持ち列車·貧乏列車 - 成功者だけが持つ「切符」を手に入れる方法)》
(스에오카 요시노리, 겐토샤, 2021)

《인생을 자유롭게 하는 진정한 돈 사용법(人生を自由にしてくれる本当
のお金の使い方)》(이노우에 히로유키, 아사 출판, 2021)

《돈에 쪼들리지 않는 사람이 배우는 것(お金に困らない人が学んでいる
こと)》(오카자키 가츠히로, 스바루샤, 2022)

《세계 대부호에게 배우는 돈을 늘리는 사고법(世界の大富豪から學ぶ,
お金を增やす思考法)》(구와바라 테루야, 파루 출판, 2022)

《누구나 할 수 있지만 90퍼센트가 깨닫지 못하는 돈을 만드는 법(誰
でもできるのに9割の人が氣づいていない,お金の生み出し方)》(이마이 다
카시, 겐토샤, 2022)

옮긴이 **김양희**

도쿄대학 대학원 농업생명과학과에서 석·박사 과정을 마쳤다. 현재 출판번역에이전시 글로하나에서 일본어 전문 번역가로 활동하고 있다. 역서로는 《효과 빠른 번아웃 처방전》, 《오십부터는 왜 논어와 손자병법을 함께 알아야 하는가》, 《임정학강좌》(공역), 《기묘한 꽃 이야기》, 《기묘한 무덤 이야기》(이상 전자책 공역) 등이 있다.

끌어당김의 법칙

1판 1쇄 인쇄 2024년 2월 19일
1판 1쇄 발행 2024년 2월 28일

지은이 다카하시 히로카즈
발행인 김태웅
기획편집 이미순, 유효주
표지 디자인 김윤남 **본문 디자인** 호우인
마케팅 총괄 김철영 **마케팅** 서재욱, 오승수
온라인 마케팅 하유진 **인디넷 관리** 김상규
제작 현대순 **총무** 윤선미, 안서현, 지이슬
관리 김훈희, 이국희, 김승훈, 최국호

발행처 ㈜동양북스
등록 제2014-000055호
주소 서울시 마포구 동교로22길 14(04030)
구입 문의 (02)337-1737 **팩스** (02)334-6624
내용 문의 (02)337-1763 **이메일** dymg98@naver.com

ISBN 979-11-7210-004-9 03190